O VERDADEIRO
CA$H

LEANDRO TRAJANO
·+· O personal financeiro ·+·

O VERDADEIRO CA$H

O QUE NINGUÉM TE CONTOU SOBRE PLANEJAMENTO FINANCEIRO E O MUNDO DO DINHEIRO

ALTA BOOKS
GRUPO EDITORIAL
Rio de Janeiro, 2023

O Verdadeiro Cash

Copyright © 2023 da Starlin Alta Editora e Consultoria Eireli.
ISBN: 978-85-508-1875-7

Impresso no Brasil — 1ª Edição, 2023 — Edição revisada conforme o Acordo Ortográfico da Língua Portuguesa de 2009.

Todos os direitos estão reservados e protegidos por Lei. Nenhuma parte deste livro, sem autorização prévia por escrito da editora, poderá ser reproduzida ou transmitida. A violação dos Direitos Autorais é crime estabelecido na Lei nº 9.610/98 e com punição de acordo com o artigo 184 do Código Penal.

A editora não se responsabiliza pelo conteúdo da obra, formulada exclusivamente pelo(s) autor(es).

Marcas Registradas: Todos os termos mencionados e reconhecidos como Marca Registrada e/ou Comercial são de responsabilidade de seus proprietários. A editora informa não estar associada a nenhum produto e/ou fornecedor apresentado no livro.

Erratas e arquivos de apoio: No site da editora relatamos, com a devida correção, qualquer erro encontrado em nossos livros, bem como disponibilizamos arquivos de apoio se aplicáveis à obra em questão.

Acesse o site **www.altabooks.com.br** e procure pelo título do livro desejado para ter acesso às erratas, aos arquivos de apoio e/ou a outros conteúdos aplicáveis à obra.

Suporte Técnico: A obra é comercializada na forma em que está, sem direito a suporte técnico ou orientação pessoal/exclusiva ao leitor.

A editora não se responsabiliza pela manutenção, atualização e idioma dos sites referidos pelos autores nesta obra.

Dados Internacionais de Catalogação na Publicação (CIP) de acordo com ISBD

T768v   Trajano, Leandro

O verdadeiro cash: o que ninguém te contou sobre planejamento financeiro e o mundo do dinheiro / Leandro Trajano. - Rio de Janeiro : Alta Books, 2023.
272 p. ; 16cm x 23cm.

Inclui índice.
ISBN: 978-85-508-1875-7

1. Finanças. 2. Educação financeira. 3. Planejamento financeiro. I. Título.

2022-3431   CDD 332.04
                 CDU 336:37

Elaborado por Odilio Hilario Moreira Junior - CRB-8/9949

Índice para catálogo sistemático:
1. Economia : Educação financeira 332.04
2. Economia : Educação financeira 336:37

Produção Editorial
Grupo Editorial Alta Books

Diretor Editorial
Anderson Vieira
anderson.vieira@altabooks.com.br

Editor
José Ruggeri
j.ruggeri@altabooks.com.br

Gerência Comercial
Claudio Lima
claudio@altabooks.com.br

Gerência Marketing
Andréa Guatiello
andrea@altabooks.com.br

Coordenação Comercial
Thiago Biaggi

Coordenação de Eventos
Viviane Paiva
comercial@altabooks.com.br

Coordenação ADM/Finc.
Solange Souza

Coordenação Logística
Waldir Rodrigues

Gestão de Pessoas
Jairo Araújo

Direitos Autorais
Raquel Porto
rights@altabooks.com.br

Assistente Editorial
Matheus Mello

Produtores Editoriais
Paulo Gomes
Maria de Lourdes Borges
Illysabelle Trajano
Thales Silva
Thiê Alves

Equipe Comercial
Adenir Gomes
Ana Carolina Marinho
Ana Claudia Lima
Daiana Costa
Everson Sete
Kaique Luiz
Luana Santos
Maira Conceição
Natasha Sales

Equipe Editorial
Ana Clara Tambasco
Andreza Moraes
Arthur Candreva
Beatriz de Assis
Beatriz Frohe

Betânia Santos
Brenda Rodrigues
Caroline David
Erick Brandão
Elton Manhães
Fernanda Teixeira
Gabriela Paiva
Henrique Waldez
Karolayne Alves
Kelry Oliveira
Lorrahn Candido
Luana Maura
Marcelli Ferreira
Mariana Portugal
Milena Soares
Patricia Silvestre
Viviane Corrêa
Yasmin Sayonara

Marketing Editorial
Amanda Mucci
Guilherme Nunes
Livia Carvalho
Pedro Guimarães
Thiago Brito

Atuaram na edição desta obra:

Revisão Gramatical
Ana Mota
Thamiris Leiroza

Diagramação
Rita Motta

Capa
Marcelli Ferreira

Editora afiliada à: ASSOCIAÇÃO BRASILEIRA DE DIREITOS REPROGRÁFICOS

ASSOCIADO Câmara Brasileira do Livro

ALTA BOOKS
GRUPO EDITORIAL

Rua Viúva Cláudio, 291 — Bairro Industrial do Jacaré
CEP: 20.970-031 — Rio de Janeiro (RJ)
Tels.: (21) 3278-8069 / 3278-8419
www.altabooks.com.br — altabooks@altabooks.com.br
Ouvidoria: ouvidoria@altabooks.com.br

Dedico este livro com muito amor a toda a minha família, aos meus amigos, clientes e àqueles que estão ou estiveram comigo na minha jornada pelo Brasil e pelo mundo.

SUMÁRIO

Calibrando o GPS xiii

Prefácio xv

PARTE I

PONTOS ESSENCIAIS PARA ESTAR COM A SAÚDE FINANCEIRA EM DIA

01. Dedique Menos de 1% do Mês para Cuidar Melhor das Suas Finanças 3
02. Os Quatro Pilares da Educação Financeira 6
03. Despesas Ocultas no Orçamento: Você Tem? 10
04. Não Se Prenda ao Seu Banco, Efetivamente, Nada Lhe Prende a Ele 14
05. Pacote de Serviços Essenciais: Faça Valer o Seu Direito 19
06. Bancos Digitais: Você Conhece? Tem Conta Neles? 23
07. Reserva de Emergência: Não Tem Opção, Você Precisa Dela ... 28
08. Vença os Destruidores de Sonhos 32

09. Não Seja Iludido por Golpes e Pirâmides Financeiras 36

10. O Planejamento Financeiro Eficaz 40

11. O Papel dos Seguros no Seu Dia a Dia 43

12. Previdência Privada: Se Você Tem Ou Pensa em Ter,
    Não Deixe de Ler 49

13. Não Deixe de Usar o Simulador de Sonhos 54

PARTE II

FINANCIAMENTO IMOBILIÁRIO COMO VOCÊ NUNCA VIU!

14. Particularidades do Financiamento Imobiliário, para
    Quem Tem ou Pensa em Ter 61

15. Tendo Dinheiro Extra, Qual a Melhor Opção em Relação
    ao Financiamento do Seu Imóvel? 66

16. Isso o Banco Jamais Vai Lhe Explicar Como Fazer 70

PARTE III

CARTÃO DE CRÉDITO E EMPRÉSTIMOS

17. A História do Cartão de Crédito, Aprecie com Moderação 77

18. Use o Cartão de Crédito de Forma Inteligente 81

19. Quando Realmente Vale a Pena Pegar um Empréstimo? 90

20. A Realidade e os Perigos do Empréstimo Consignado 94

21. O Passo a Passo para Sair das Dívidas 98

PARTE IV

DINHEIRO, VIDA A DOIS E FILHOS

22. O Desafio da Vida Financeira a Dois.. 105

23. Crianças e Educação Financeira: Construa Essa Relação......... 109

24. Um Olhar Especial para a Saúde Financeira do Seu Filho..........113

PARTE V

COMPORTAMENTO, ESCOLHAS E ATITUDES

25. As Suas Escolhas Pavimentam o Seu Caminho e as Suas Conquistas..119

26. Pequenas Atitudes, Grandes Conquistas, Depende de Você!.....122

27. O que Pode Tirar Você do Trilho de uma Vida Financeira Mais Tranquila.. 128

28. Sete Hábitos que o Ajudam a Poupar 133

29. Consistência, Recorrência, Longo Prazo e Paciência! 138

30. Consumo × Tempo × Dinheiro.. 142

31. Isso É o que Move o Ser Humano 146

32. Não Se Deixe Levar Pela Vida de Novela das Redes Sociais.... 150

33. Evite os Extremos 154

PARTE VI
INVESTIMENTOS, CONHECIMENTO E PERCEPÇÕES

34. O Melhor Investimento para Você...159

35. Cinco "Investimentos" que, na Verdade, Não São
    Investimentos 164

36. Quem É Você no Mundo dos Investimentos?.........................168

37. O Impacto da Bolsa de Valores na Sua Vida. Seja Você
    Investidor ou Não, Isso Acontece! 172

38. Não Seja Mais um a Fazer o Supletivo no Mundo dos
    Investimentos 176

39. Tesouro Direto: Investir e Errar, Aprender e Acertar,
    É Só Começar!... 180

40. Investir É um Caminho sem Volta..185

PARTE VII
INGREDIENTES PARA REFLEXÕES INTRIGANTES

41. O que É Suficiente para Você? Você Sabe o que É
    Suficientismo?..191

42. O Princípio 80/20 Faz Parte do Seu Dia a Dia e Pode Ir Além.... 196

43. Você Leva uma Vida Frugal?... 200
44. O Supermercado e as Suas Compras como Você Nunca Viu!...204
45. Carro: Ter ou Não Ter, Eis a Questão 209
46. Dinheiro e Felicidade: Quem Compra Quem?............................214
47. Não Negative a Sua Vida Profissional por Causa do Dinheiro.....218
48. Moeda Estrangeira: o que Impacta na Cotação e Qual o Melhor Momento para a Compra? 223
49. Quem Está Endividado Precisa de...?...226
50. Liberdade × Independência Financeira: Você Busca uma Delas? 231
51. 3Ns × 3Ds × 3Ps..235
52. Os 10 Mandamentos da Gestão Financeira para Empreendedores e Pequenos Negócios 238
53. Perguntas que Valem o Seu Tempo e a sua Reflexão 242
54. Ponto Básico, "Minutamente" Ignorado..245
55. Continuação 247

Índice..249

CALIBRANDO O GPS...

Acho que você também já deve ter ouvido falar que existem três coisas que devemos fazer nesta vida: *ter um filho, plantar uma árvore e escrever um livro*, não é mesmo?

Então, o filho eu já tenho e, sem dúvidas, Theo é a maior riqueza, o que de mais precioso a vida me deu: a oportunidade de experienciar, e agradeço por ser pai dele.

Filho ✓

A árvore, eu já plantei e foram duas: uma na África, mais precisamente em Angola, e a outra "por aqui" pela América do Sul mesmo, na Bolívia!

Árvore ✓

Na vida, eu fui além em muitas coisas: fui presidente de Grêmio Estudantil, fiz trabalho voluntário durante bons anos e, com isso, fui parar do outro lado do mundo, morei em tantos outros países, em diversos continentes, corri uma maratona e nove meias maratonas, recebi meu filho por minhas mãos num parto domiciliar planejado, liderei a operação de evacuação do Furacão Thomas, no Haiti, em 2010, e tantas experiências mais...

Mas e o livro?

Pois é, chegou a hora!

Aqui estamos eu e você nas primeiras páginas deste que, certamente, o levará por caminhos, reflexões e percepções bem interessantes, intrigantes quanto à vida financeira!

E aí, tudo certo para seguirmos?

Só um minuto! Antes disso, deixa eu dar o *check* no livro, então. Afinal, aqui estamos...

Livro ✓

Vamos pra frente, pra cima!!!

Leandro Trajano de Oliveira

PREFÁCIO

O Verdadeiro Ca$h chega para trazer dicas, *insights* e reflexões sobre o universo da vida financeira. Passear por estas páginas é se reconhecer em várias das situações que Leandro aborda. Cartão de crédito, banco digital, investimentos, empréstimos, financiamento imobiliário... quem nunca se relacionou, pelo menos, com um desses? *O Verdadeiro Ca$h* é a união de vários temas, escritos de forma simples e direta, como é característica de Leandro, para nos instigar a refletir e, de alguma forma, gerir melhor as finanças!

Vida financeira é uma construção diária e em longo prazo. Como já escutei de Leandro, o dinheiro é a relação mais longa que temos na vida. Por isso, afirmo sem medo que, independente da situação em que você se encontra, este livro é para você! Não é sobre valorizar o dinheiro e as coisas materiais, mas entender o funcionamento dele para que alcance o equilíbrio financeiro. É esse equilíbrio que nos proporciona viver muitos dos momentos e valores que cada um tem na vida.

Em 2014, ouvi Leandro pela primeira vez e não larguei mais. De cliente, virei uma grande admiradora do trabalho dele. Em 2018, passei a fazer parte de sua equipe, e a missão dele, levar Educação Financeira para o máximo de pessoas possível, passou a ser a minha também. É uma alegria saber que outras pessoas podem ter a mentalidade e a vida financeira transformadas, assim como eu, e colher belos e duradouros frutos.

Andressa Galindo Vaz

Jornalista, umas das primeiras clientes de Leandro na consultoria de finanças para casais, entusiasta e fã do trabalho, do impacto que causa na vida das pessoas e, desde 2018, parte da equipe do Personal Financeiro.

PARTE I

$

PONTOS ESSENCIAIS PARA ESTAR COM A SAÚDE FINANCEIRA EM DIA

01

DEDIQUE MENOS DE 1% DO MÊS PARA CUIDAR MELHOR DAS SUAS FINANÇAS

Você já deve ter ouvido falar que tempo é questão de prioridade, mas já refletiu sobre isso? Com menos de 1% do seu mês, é possível gerir a vida financeira de uma forma muito melhor. Assim, você vai dedicar **tempo** para aquilo que é **prioridade** e, certamente, terá mais tranquilidade!

Se pararmos para pensar, todo ano falamos a mesma coisa: "Este ano passou muito rápido!". A verdade é que quando olhamos para trás, parece mesmo que o tempo passou mais rápido. É que a nossa mente só traz aquilo que marcou, sejam fatos positivos ou negativos ao longo do ano, e isso faz com que tenhamos a impressão de que ele foi compilado. Então percebemos também que algumas metas não foram atingidas e caíram no esquecimento. Poderíamos facilmente ter realizado esses objetivos, mas boa parte das pessoas vive num fluxo comum e automático: **trabalhar ao longo do mês para pagar as contas e poupar o que sobrar (se sobrar).**

A que você dedica o seu tempo? Quais são as suas prioridades? Ouso dizer que, para a maior parte dos brasileiros, seria essencial **dedicar mais tempo para o conhecimento**, seja ele para a vida pessoal, profissional e financeira. De três a seis horas por mês dedicadas à vida financeira, você já consegue aprender muita coisa. Isso mesmo: **menos de uma hora por semana** para entender, analisar melhor o extrato bancário, a fatura do cartão de crédito, o planejamento, um orçamento mensal e a saúde financeira do mês no geral.

Antecipe-se e planeje o mês seguinte, de acordo com o que tem de despesas fixas e variáveis e, claro, observe ao fim de cada mês o que realmente se concretizou! Ou seja, **comparar o previsto com o realizado** e saber para onde está indo o seu dinheiro. Assim, você tem propriedade e rédeas mais curtas da sua vida financeira, além de base para tomar decisões e fazer os ajustes que julgar necessário.

Muitos que não têm controle terminam entrando num ciclo negativo, no qual, para ter mais dinheiro, é preciso trabalhar mais. Sendo assim, ficam mais ausentes, sentem então a necessidade de compensar essa falta muitas vezes com coisas materiais e, com isso, gastam mais, não usam o dinheiro da melhor forma e para manter o padrão precisam trabalhar ainda mais.

Organizar-se melhor, entender e respeitar as suas condições, viver num padrão de vida adequado certamente lhe dará mais liberdade e a oportunidade de conquistar mais, sendo mais feliz e com os pés no chão.

Com tudo isso, conhecimento e consumo mais consciente, você abrirá a cabeça para evoluir, e isso fará toda a diferença em longo prazo.

Há uma frase de James W. Frick de que gosto muito:

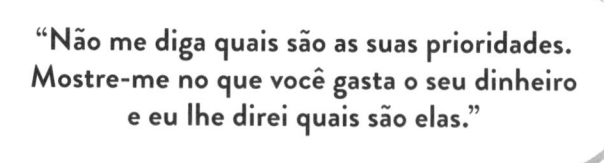

> "Não me diga quais são as suas prioridades. Mostre-me no que você gasta o seu dinheiro e eu lhe direi quais são elas."

Mais uma vez, digo: tempo é questão de prioridade. Perceba, então, entre as suas prioridades, a necessidade de abrir espaço para cuidar também da sua saúde financeira!

Deixo aqui esta missão! Dedique um tempo semanal, fixe um dia da semana, segunda ou sexta, e já deixe o alarme programado para que nesse momento você analise o extrato das contas-correntes que tem, fatura de cartão de crédito e, se necessário, ligue para negociar algum preço, pacote novo, como o de internet ou celular. E, claro, vale fazer o planejamento para o mês seguinte, o seu orçamento para que você domine e conheça bem a sua realidade.

/////////////////

"Não me diga quais são as suas prioridades. Mostre-me no que você gasta o seu dinheiro e eu lhe direi quais são elas."

/////////////////

OS QUATRO PILARES DA EDUCAÇÃO FINANCEIRA

Diante de tudo o que você viu até aqui, vale emoldurarmos alguns pontos de referência. Na verdade, chamo-os de pilares e aqui gostaria de destacar quatro que servem como base para um bom planejamento e uma boa educação financeira. Se você ainda não está com um ou mais desses pilares bem sólidos, vale o foco, a atenção e a dedicação para mudar essa realidade e pouco a pouco ter a base mais firme para seguir a sua jornada.

Curioso que o primeiro pilar foi também o último a compor o grupo. Surgiu de uma conversa com um cliente, que terminou por consolidar o sentido e o ponto de partida, fechando, então, essa história dos quatro pilares. Augusto tem um filho bem jovem, universitário, que sempre fala de investimentos, dinheiro, bens. Estava feliz pela busca, pelos interesses do filho, porém preocupado pelo fato de não vê-lo com uma conversa focada, interessado também naquilo que geraria renda para possibilitar que o dinheiro, os investimentos e os bens pudessem de fato se tornar uma realidade na vida dele.

Até então, o filho pensava nesses assuntos, porém baseado no dinheiro e patrimônio que era repassado de valores pelos pais, por isso refleti a proposta, a preocupação de Augusto e vi que fazia muito sentido incluir "gerar renda" entre os pilares, e não só isso, mas colocá-lo como ponto de partida de tudo.

Vamos começar por esse pilar, então.

1º Pilar: Gerar Renda

Fundamental para toda a sequência de pilares, evidentemente óbvio, apesar de, para muitos, aparentar não ser bem assim. Gerar renda é a base para fazer com que todo o restante aconteça, pois sem renda, é improvável o avanço e as conquistas. Mas, ainda assim, vejo frequentemente muitas pessoas, sobretudo aquelas que estão começando a vida profissional agora, falando sobre investimentos, sobre milhões e vivendo aparentemente num outro mundo. Mas, no mundo em que vivemos, ter dinheiro para investir sem gerar renda é para poucos. Portanto, gerar renda é fundamental e lhe dará o ponto de partida para que possa avançar degrau por degrau.

2º Pilar: Gastar Bem

Gastar bem quer dizer, na verdade, gastar com qualidade, de forma inteligente, consciente, e não gastar muito. Isso é totalmente possível, mesmo que alguns vacilos venham a acontecer. Gastar bem é necessário, ajuda no equilíbrio das finanças, abre espaço para a busca pelos seus objetivos. E, claro, gastar bem não quer dizer só gastar com o necessário, com o essencial, mas com algo que vem além disso também, porém, de forma planejada e coerente com a sua realidade. Mais uma vez, as escolhas são a base; as escolhas simples do dia a dia que vão permeando, permitindo também moldar a mentalidade e a base para passos maiores.

E, assim, abre o espaço para o próximo pilar.

3º Pilar: Poupar Mais

Para chegar e manter-se no terceiro pilar não tem segredo, gerando renda e gastando bem, muito provavelmente você estará na trilha da economia, poupando e, com isso, o objetivo é poupar mais. Digo poupar mais porque não basta estabelecer um valor e seguir fixo nele por longos anos, a inflação em nosso país está bem melhor do que era décadas atrás, porém segue variando bem ao longo dos anos de forma que, naturalmente, vale puxar para cima, aumentar com o passar do tempo a meta do valor mensal que foi estabelecida para poupar e sempre fazer a correção da inflação e, claro, para as suas conquistas e o seu crescimento.

4º Pilar: Investir Melhor

Investir melhor é necessário e não pode ser ignorado!

Ao longo dos anos, tenho encontrado também ótimos poupadores, que certamente poderiam ter acumulado mais dinheiro se tivessem multiplicado algo mais, isto é, se tivessem investido melhor.

Por isso, esse é mais um pilar relevante, pois não basta poupar, não basta investir de forma aleatória, acreditando que o gerente do banco ou mesmo o seu assessor de investimentos está fazendo o melhor (o melhor para quem?). Para o crescimento e a realização do que se busca em longo prazo, investir melhor é fundamental.

E investir melhor passa por se envolver mais, procurar entender um pouco desse mundo, mesmo que siga terceirizando os seus investimentos com alguém de sua confiança. É mais que válido acompanhar de perto, se reunir pelo menos uma ou duas vezes ao ano para atualizar o desempenho da carteira e falar sobre a estratégia, os próximos passos e eventuais ajustes que podem acontecer de acordo com o momento, a economia, a política e, claro, com os seus planos.

/////////////////

"Vale emoldurarmos alguns pontos de referência. Na verdade, chamo-os de pilares e aqui gostaria de destacar quatro que servem como base para um bom planejamento e uma boa educação financeira. Se você ainda não está com um ou mais desses pilares bem sólidos, vale o foco, a atenção e a dedicação para mudar essa realidade..."

/////////////////

DESPESAS OCULTAS NO ORÇAMENTO: VOCÊ TEM?

A ideia aqui é refletir sobre algumas despesas ocultas, entre tantas outras que durante a leitura você deve identificar e que muitos, de forma até inocente, inconsciente, deixam pesar no orçamento mês a mês.

A verdade é que se pode otimizar essas despesas, mudar essa realidade, mas para isso é preciso dedicar um tempo, reconhecer a sua realidade e partir para os detalhes, aí, sim, não tenha dúvidas, você vai se orgulhar.

Encontro frequentemente pessoas que têm o plano padrão (R$ 39,90/mês) da Netflix, por exemplo, e quando pergunto se assistem mais de uma tela simultaneamente, a maioria me responde que não, e então pergunto por que não muda para o plano básico (R$ 25,90/mês). A resposta da maioria é que a diferença é pequena, apenas R$ 14. Mas pense bem, trata-se de um plano de que você não precisa, não usa, e se R$ 14 parece pouco, no ano, com essa simples mudança, você economizaria R$ 168. Não se apegue aos valores do exemplo, pois, com o tempo, eles mudam. Perceba o raciocínio e replique para outras coisas. A questão é que as possibilidades não param por aí. Existem várias despesas que são ocultas, ignoradas, e isso faz com que se percam algumas oportunidades. E o principal não é o foco nos pequenos valores que, sim, como vimos, podem crescer e se multiplicar rapidamente. Destaco que o foco está no comportamento, na mentalidade. Fazendo melhor as suas escolhas, certamente, você valoriza mais o seu dinheiro, e usa-o da melhor forma para algo mais relevante para a sua vida, de acordo com os seus valores.

Claro, não estou dizendo que se você tem o plano Padrão ou Premium precisa reduzir. Se faz um bom uso — excelente! —, mantenha. Mas se está pagando pelo que não precisa, não só na Netflix, mas na vida, sim, você precisa rever algumas coisas, otimizar as decisões, pois o reflexo disso é diretamente no seu orçamento, na sua vida financeira.

Outra despesa oculta para muita gente é a tarifa bancária. Muitas pessoas não sabem que pagam para manter a conta no banco, e muito menos quanto pagam para isso. Basta observar o extrato bancário e identificar o débito a cada mês, e esse valor não é aleatório, ele é cobrado de acordo com o pacote de serviços que você tem contratado com o banco. Constantemente, vejo pessoas que pagam por um pacote de serviços que contempla mais do que precisam ou, o contrário, pagam por poucos serviços e devem pagar além da tarifa do pacote, também pelos serviços avulsos, uma TED, por exemplo, que hoje em dia pode ser facilmente substituído por um PIX, sem custo.

O ideal, portanto, é que você adéque o seu pacote ao que é mais próximo da sua demanda de serviços mensal. Se essa demanda for de no máximo 4 saques, 2 transferências entre contas do mesmo banco, 10 folhas de cheque — *difícil encontrar quem use isso tudo* —, o **pacote de serviços essenciais** atende a sua necessidade, e essa é a realidade da maioria das pessoas hoje em dia. O pacote de serviços essenciais é regulamentado pela Resolução n.º 3.919, de 2010, do Banco Central e se trata, inclusive, de um direito do consumidor, ou seja, você não é obrigado a pagar uma tarifa para ter a conta no banco, além da possibilidade de ter a conta em algum banco digital, modalidade que cresce bastante e mais adiante trago mais detalhes sobre eles. Do pacote mais barato ao mais caro, pode se economizar na média de R$ 150 a R$ 850 por ano com isso.

Outra despesa oculta é a anuidade do cartão de crédito. Acredite: muitos ignoram, acham que é um valor que não impacta no orçamento, mas se for somando a tudo o que trago aqui, percebe-se o quanto impacta. Para piorar, muitos não sabem também que pagam tal anuidade e muito menos quanto pagam e, posso dizer ainda, que uma parcela considerável paga a anuidade de cartão de crédito sem necessidade alguma, pois o maior interesse não está nos benefícios e nas vantagens que o cartão de crédito pode trazer, mas no acesso à ferramenta do crédito. Cartões livres de anuidade não faltam no mercado, existem muitas e boas opções. Desta forma, você pode reduzir algo que facilmente pode variar de R$ 120 a R$ 450 por ano. Lembro de uma pessoa que atendi e que gastava, por ano, mais de R$ 1.200 só com a anuidade dos três cartões de crédito. Lembro de outro caso em que a pessoa me deu certeza de que não pagava anuidade e, em algum momento, analisando a fatura do cartão de crédito, mostrei que estava pagando a parcela 6 de 8 de R$ 84 referente à anuidade.

E não para por aí... Seguro-viagem, em muitos cartões de crédito, quando você compra a passagem por meio dele, é gratuito pelo menos para o titular e um acompanhante. Em alguns cartões, essa condição pode ser diferente, vale sempre conferir as regras. É uma economia que pode variar facilmente entre R$ 150 e R$ 500. Outro ponto que alguns perdem é contratar seguro residencial, imobiliário, para um imóvel financiado, sem analisar o seguro já existente. Essa modalidade tem essa contratação automática com a instituição financeira, sendo um dos dois seguros automáticos, o DFI (Danos Físicos ao Imóvel). Não é que não se pode ou não se deve contratar um seguro residencial, mas vale analisar bem a cobertura, pois talvez nem seja mesmo necessário assumir um novo seguro, uma nova despesa.

Outro exemplo é a contratação de alguns serviços para manutenção da casa que poderiam ser evitados, por ter o benefício já oferecido pela seguradora com o seguro do carro ou do imóvel, como eletricista, encanador e produtos da linha branca, entre outras possibilidades. Importante demais, então, saber o que contemplam os seus seguros, e mais algumas despesas podem ser efetivamente reduzidas.

Trouxe aqui alguns exemplos, e há muitas outras situações que podemos incluir e que, certamente, você pode refletir com calma e partir para ação a fim de evitar algumas despesas desnecessárias e, claro, cortar as que vagam de forma oculta em sua vida.

"Fazendo melhor as suas escolhas, certamente, você valoriza mais o seu dinheiro, e usa-o da melhor forma para algo mais relevante para a sua vida, de acordo com os seus valores."

04

NÃO SE PRENDA AO SEU BANCO, EFETIVAMENTE, NADA LHE PRENDE A ELE

Não é de hoje a situação difícil do brasileiro em relação à vida financeira, e você que chegou até aqui, certamente, já ampliou a sua visão quanto a esse contexto. Trouxe aqui em nossa conversa, ou no meu monólogo com você, um pouco sobre empréstimos, tomada de crédito, os cuidados, os formatos, as alternativas, as reflexões e as ações para você não se atrapalhar. E, agora, vamos refletir melhor sobre a sua relação com o seu banco.

Um ponto que sempre me chamou atenção é a fidelidade de muitas pessoas em relação às instituições financeiras, ao banco, seja lá qual for o seu. Acreditam piamente que ele fará a melhor proposta de investimentos, de juros, condição para financiamentos, empréstimos, e até mesmo seguros e previdência, mas, na verdade, não é bem assim, isso é ilusão.

É isso mesmo: você não está preso ao banco em que possui um financiamento ou empréstimo. Com isso, você pode melhorar muito as condições a partir do momento que utilizar algumas das dicas e dos pontos que listo aqui.

Primeiro você precisa entender bem os detalhes, as condições da sua dívida: os juros, o custo efetivo total (CET), o prazo e todos os detalhes para que você saiba exatamente aquilo que está analisando. Isso é essencial e vai lhe dar base para que tente renegociar as condições, os juros, e esse é um passo importante para uma **reestruturação financeira** necessária.

Pegue o seu contrato, seja de um empréstimo pessoal ou consignado, financiamento imobiliário ou de carro, analise bem, aproprie-se dos detalhes que falei anteriormente e leve para outras instituições financeiras de crédito, cooperativas ou bancos, com o objetivo de conseguir condições melhores. Numa instituição financeira da qual você não é cliente, isso é totalmente possível, afinal, como você já sabe, todas elas estão procurando (*sempre*) ampliar a carteira de clientes, para tal, precisam apresentar ofertas interessantes com o intuito de conseguir atrair essa clientela para o portfólio. Portanto, pesquise, dedique tempo, corra atrás, e reforço aqui, vá em, pelo menos, outras três instituições além da que você está hoje. Isso vai lhe tomar um tempo, naturalmente, mas quem pode fazer isso por você? Quem precisou do crédito? Então, corra atrás, porque você tem a real possibilidade de conseguir algo melhor.

> Esteja atento que você não deve renegociar apenas no banco em que está hoje, procure outras instituições, com o objetivo de comparar as propostas.

Tendo uma oferta melhor em outra instituição financeira, você pode pegar a proposta e voltar ao seu banco, ao qual atualmente está vinculado, e perguntar se ele cobre as condições para que você dê continuidade ao fluxo lá mesmo. Caso ele não consiga melhorar, *sem vínculo, sentimentos* e *fidelidade*, coloque-se em primeiro lugar, e não tenha dúvida, **MUDE**!

Outro ponto é que se o banco que você tem o empréstimo ou financiamento não chegar a uma proposta mais atrativa, você precisa entender as taxas e despesas que a movimentação para outra instituição pode trazer, pois a mudança de credor e contrato pode acarretar em alguma despesa extra. No caso do financiamento imobiliário, por exemplo, geralmente, precisa um desembolso maior, de forma mais imediata. Não deixe que isso lhe paralise, avalie e comprove se, mesmo fazendo esse desembolso, vale a pena a mudança. Muita gente desiste, em geral, por não ter o valor e, com isso, termina fadado a gastar muito mais em longo prazo.

Destaco que isso não acontece em tudo, há operações mais simples, que ao conseguir o crédito melhor numa outra instituição, você fará a simples *troca da dívida mais cara pela mais barata*, pegando o valor emprestado na nova instituição com condições melhores e quitará o da atual, que estava mais caro.

> **PESQUISE**, correr atrás é a base essencial, como destaquei antes e reforço, isso só depende de você!

Lembre: não é por ser o seu primeiro banco, aquele em que você abriu a primeira conta, que é cliente dele desde a adolescência ou é o banco dos seus pais, ou ainda do seu primeiro estágio, que você deve acreditar que é parceiro e vai oferecer as melhores condições. É comum ver casos que a pessoa sai de um banco que já é cliente há mais de vinte anos e um novo banco, que nunca teve relação antes, consegue condições bem melhores. Isso é o mercado, depende também de mais variáveis. Trago outra aqui: pode ser que uma determinada instituição que você procurou, naquele mês já tivesse atingido a meta e, por isso, não flexibilizou. Já numa outra instituição, conseguiu algo bastante interessante. Isso pode ser porque essa outra estava correndo atrás de atingir o resultado do mês e, por isso, precisou flexibilizar mais. Não se iluda, banco tem metas e corre atrás do resultado, estratégia, números.

Esteja aberto para mudanças, disposto, mesmo que não esteja com muito tempo disponível. Para mudar é preciso ter atitude. Se não muda, dança, e faz isso pagando um preço bem alto. Procure pleitear, negociar, articular e esquecer o lado emocional, a fidelidade com determinado banco. Não descarte, de maneira alguma, conhecer as Instituições Financeiras Cooperativas. Muitas pessoas se surpreendem ao ver que elas também podem conseguir boas condições e até bater as oferecidas pelos grandes bancos.

Detalho aqui um pouco mais a alternativa do empréstimo consignado, que vimos ser um tipo mais seguro para o credor por ser descontado em folha, o que deixa um risco muito pequeno para ele, e também condições e juros menores para o cliente, tomador de crédito. Porém, vale reforçar o que sempre digo: muito cuidado com o consignado, pois você só vai deixar de ter o desconto no seu salário, em folha, no dia que quitar o seu saldo. Ou seja, se a situação apertar ainda mais e você tiver sem condições para o básico, não terá escolha. Diferente do empréstimo pessoal, que não recomendo, mas a depender da situação tem a possibilidade de adiar um pouco o pagamento, jogar para frente e retomar.

> Portanto, como quase tudo na vida, o consignado tem o lado bom, mas também o lado que pode penalizá-lo.

Há ainda a possibilidade de **refinanciar** o carro, imóvel ou parte deles, o que permite acesso a juros menores, pelo fato de o bem entrar como garantia, detalhando aqui algo mais do que citei sobre esta modalidade anteriormente. Outra alternativa é que você pode usar um bem (*carro ou imóvel quitado, por exemplo*) como garantia num empréstimo pessoal e, com isso, ter uma boa condição para barganhar melhores taxas de juros. A minha recomendação é que você não entre com essa possibilidade de cara, use como uma *"carta na manga"*. Primeiro, escute a proposta e depois pergunte: "e se eu tiver um bem como garantia em meu nome, como podemos melhorar?". O uso de parte do seu FGTS também serve como garantia para tomar empréstimos e isso também pode lhe dar acesso a condições e taxas melhores.

No entanto, o bom mesmo seria não precisar recorrer ao crédito. O que eu trouxe aqui foi destinado para quem já está vivendo essa realidade, mas antes de tomar empréstimos, é mais que válido buscar outras alternativas: organizar melhor o orçamento (*pegue a minha planilha no meu Instagram @personalfinanceiro, para servir como base*), reduza despesas, corte, enxugue, substitua, procure aumentar a sua receita mensal, desfaça-se de algo que não usa ou, dependendo da situação, até mesmo de algo que usa. Vale lembrar novamente aqui: o carro (e não só ele), ao vender, você se capitaliza e reduz também as suas despesas mensais, ataca em duas frentes.

Mais uma vez, **ATITUDE. O empréstimo é o caminho "mais fácil", remedeia, mas não resolve**, por isso é enorme a quantidade de reincidentes nos empréstimos e há pessoas que diante da realidade que vivem, pegam um empréstimo para pagar outro empréstimo. É necessário dar um basta!

///////////////

"Lembre: não é por ser o seu primeiro banco, aquele que você abriu a primeira conta, que é cliente dele desde a adolescência ou é o banco dos seus pais, ou ainda do seu primeiro estágio, que você deve acreditar que é parceiro e vai oferecer as melhores condições."

///////////////

PACOTE DE SERVIÇOS ESSENCIAIS: FAÇA VALER O SEU DIREITO

Agora, vou falar sobre algo que parece simples, já falei dele por aqui, mas muita gente desconhece e outros tantos conhecem, mas ainda não fazem valer. Estou falando do **pacote de serviços essenciais**.

Você paga uma tarifa, tem um pacote contratado com o seu banco? A maioria das pessoas não sabe responder isso, outras alegam que não pagam essa tarifa de manutenção de conta e se surpreendem ao analisar o extrato e ver que, sim, pagam mensalmente. Quero trazer mais conhecimento e dicas sobre isso para que você aproveite da melhor forma, a que realmente se adéqua ao seu perfil, à sua necessidade para que, claro, possa economizar.

Qual o pacote de serviços que você tem contratado com o seu banco? Se você pensou em R$ 15, R$ 30, R$ 70 ou qualquer outro valor, lhe digo: está errado. Isso, na verdade, é a tarifa que você paga para manter um pacote de serviços para manter a sua conta no banco. Na maioria dos bancos, quanto mais alta essa tarifa, maior o número de serviços que contempla o pacote.

E de repente você pode ir além, e analisar a presença de tal cobrança nos últimos três meses, por exemplo. O valor desse pacote não quer dizer que seja o total de suas despesas financeiras mensais, afinal, se você usar serviços avulsos que o seu pacote não contempla ou se você já passou do limite, excedeu o que ele oferece, paga por fora, e esses serviços avulsos podem ter um valor bem indigesto.

> Para você saber se paga e qual o valor, a melhor forma é tirar um extrato do mês anterior e analisar dia a dia identificando o débito com a descrição de "tarifa de serviços", "pacote de serviços" ou "cesta de serviços". Cada banco tem uma nomenclatura diferente, mas é fácil identificar.

Caso você tenha um pacote de serviços contratado, procure falar com o gerente, pesquise por meio do internet banking ou pelo chat, a fim de saber o que esse pacote lhe oferece. Normalmente, é uma quantidade de saques, transferências entre contas do mesmo banco, folhas de cheque (mesmo que a maioria das pessoas já nem use), extratos impressos, em alguns casos tem direito a TED e DOC, entre outros serviços que não são muito utilizados.

Costumo dizer que o melhor pacote é aquele que cabe na sua mão como uma luva. Ou seja, não adianta você ter um pacote que contempla cinco TEDs por mês, se você usa apenas uma. Está rasgando dinheiro, pagando mais do que precisa.

Por outro lado, se você usa mais do que o seu pacote oferece, está pagando serviços avulsos, TED extra, o que sai caro. Em tempos de PIX, a TED está fadada ao desuso, e se você analisar bem, na maioria dos casos, pagar por um pacote de serviços além do essencial também não faz sentido. Por isso, o ideal é que o seu pacote seja o mais adequado aos serviços que você utiliza. Estando atento a isso, você vai economizar um bom valor. Afinal, a relação com o seu banco deve perdurar por longos anos.

E aí está ele novamente, o pacote de serviços essenciais, como já me referi anteriormente, e não custa lembrar. Como o nome sugere, é um pacote que traz os serviços básicos e é um direito do cliente, segundo a Resolução nº 3.919, art. 2º, inciso I do Banco Central. Escuto muitos relatos de que existe uma certa dificuldade nos bancos ao pedir a adesão ao pacote de serviços essenciais. Muitos realmente se opõem e negam esse direito.

> **O pacote de serviços essenciais é gratuito e contempla quatro saques, duas transferências entre contas do mesmo banco, dois extratos mensais impressos e dez folhas de cheque por mês.**

Faça valer o seu direito. São detalhes que, quando temos o conhecimento, conseguimos nos libertar e poupar mais. Essas pequenas economias ajudam a prosperar, pois nelas também conseguimos conquistas financeiras! E sem dúvidas, cuidando delas, a mentalidade muda, e a mesma atenção passa a ser dada para outras despesas ocultas do nosso dia a dia, como já vimos de forma bem detalhada em páginas anteriores.

Lembro aqui da pesquisa do Guia Bolso que indiquei anteriormente, realizada em 2020, a qual viu que o brasileiro gasta em média R$ 700 por ano com tarifa de manutenção de conta, despesas de serviços financeiros no banco e anuidade de cartão de crédito, o que, certamente, com um olhar mais crítico, para muitos, passa a ser um valor poupado.

Há oportunidades de reduzir despesas que muitas vezes ignoramos.

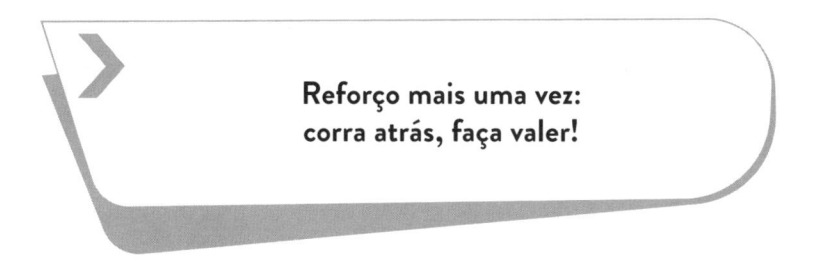

> **Reforço mais uma vez: corra atrás, faça valer!**

Não despreze o valor que mensal pode parecer pouco. Lembre que é uma despesa fixa e que você paga por ela doze vezes por ano, ou seja, o valor é maior, se multiplica. Anualizar as despesas traz sempre um efeito muito intrigante, vale o impacto, a reflexão. Claro, não deixe de considerar a possibilidade de abrir uma conta num banco digital, que, de modo geral, não cobra tarifa de manutenção de conta, assim como a TED, que vem sendo cada vez menos usada com a grande adesão da população ao PIX.

"Em tempos de PIX, a TED está fadada ao desuso, e se você analisar bem, na maioria dos casos, pagar por um pacote de serviços além do essencial também não faz sentido."

BANCOS DIGITAIS: VOCÊ CONHECE? TEM CONTA NELES?

O nome já faz algumas pessoas refletirem um pouco... digital? Os bancos digitais vêm ganhando um grande espaço no mercado e também conseguindo facilitar a vida de muita gente. Mas ainda se vê muitas pessoas com medo, insegurança e dúvidas quanto a eles! E o meu objetivo aqui é esclarecer diversos pontos que lhe permitam entender melhor esse mundo, e com isso ter mais conhecimento para tomar suas decisões.

Eles funcionam de forma online, sem agência física para atendimento ao público, com tudo rodando por meio de sites e aplicativos. Já adianto a você: o meu filho que nasceu em 2015, certamente, nunca precisará ir até uma agência para fazer operações do dia a dia, como eu fiz boa parte da minha juventude e acompanhava os meus pais na infância. Essa é uma realidade que em um futuro próximo já não vai existir.

Hoje, seja para banco tradicional ou digital, já não é necessário ir até a agência para abrir conta, por exemplo. Não existe o espaço físico, todo o contato entre cliente e agência é feito por meio de aplicativo, e-mail, SAC ou chat.

Para abrir conta em um deles, basta baixar o aplicativo no celular e fazer o cadastro normalmente. Não é necessário tirar cópia de documento pessoal ou comprovante de residência, tudo é enviado por foto, o que já acelera e facilita o pedido de abertura da conta, que leva no máximo quinze minutos para ser realizada. E após alguns dias, você tem o retorno da sua solicitação e, sendo positivo, tem os dados da conta e a informação de envio do cartão. O que pouco a pouco passou a ser feito também pelos bancos tradicionais, afinal, eles precisam se reinventar e acompanhar ao máximo o que fazem os bancos mais novos, modernos, digitais, caso contrário, ficarão para trás.

> **Vale lembrar que não é qualquer um que pode abrir um banco, e, claro, você não precisa abrir a conta no primeiro banco digital que encontrar ou que lhe indicarem, vale pesquisar sobre a opção que você considerar, ver quem do seu meio já usa essa ou outra opção, pedir opinião e, assim, ter mais informações para fazer sua escolha.**

O relacionamento no dia a dia é realmente muito simples, só em casos específicos é necessária uma ligação, mas, no geral, tudo é feito pelo aplicativo: pagamentos, transferências como PIX, TED, investimentos, extratos, depósito de cheque por foto, como, de modo geral, os grandes bancos também já estão fazendo. Na verdade, os grandes bancos estão de olho nos pequenos e nas inovações trazidas por eles, que vêm atraindo os jovens que estão entrando agora no mercado e também iniciando a sua vida financeira. Os bancos digitais têm uma grande vantagem: boa parte dos serviços cobrados nas instituições financeiras tradicionais é gratuita na maioria dos bancos digitais. Ou seja, você tem todos os serviços de uma instituição financeira tradicional, mas com uma redução absurda na quantidade de taxas que se costuma pagar num banco comum, a começar pela isenção da tarifa de manutenção de conta, o que por si só já é um grande atrativo para muitos clientes em relação aos bancos digitais.

Este é o ponto que quero chamar atenção: a redução significativa de despesa que você pode ter! Os saques são feitos em qualquer caixa eletrônico 24 horas, em alguns dos bancos digitais é de forma ilimitada e gratuita, mas atenção, em alguns essa taxa pode sair bem cara. Sugiro que você analise esses detalhes antes de abrir a conta, comparando entre os bancos em que considerar abrir sua conta. A ausência de agências físicas diminui de forma relevante o custo dos bancos digitais, o que termina tornando o negócio mais leve, dinâmico e barato mesmo em relação à operação. A presença da tecnologia é forte nesse segmento, a praticidade e a velocidade no geral também são pontos positivos, naturalmente, surgem entraves que fazem com que algumas pessoas tenham experiências que podem não confirmar isso, mas a experiência geral tem mostrado claramente que, sim, existe menos burocracia, mais agilidade e mais opções de investimentos, com produtos que abrem o cenário em relação ao que normalmente é ofertado pelas instituições financeiras tradicionais. E os bancos digitais seguem a estratégia do longo prazo, começando sem cobrar tarifas, atraindo o público jovem, que no futuro estará ocupando o mercado em peso, investindo, aderindo a outros serviços e, quem sabe, como clientes dessas instituições de forma ampla.

Os bancos digitais são dependentes da tecnologia e, por também não contarem com um atendimento presencial, não têm adesão por parte dos mais velhos, perfil do cliente que termina muitas vezes gastando mais com tarifas bancárias, sendo mais conservadores e mantendo o dinheiro nos grandes bancos, tendo retorno abaixo da média, dizendo-se conservadores, quando, na verdade, o que reina em muitos — nesse caso, independente da idade — é a falta de conhecimento.

Imagine que uma TED avulsa (fora do seu pacote de serviços contratado com o banco) custe facilmente mais de R$ 10, ou seja, se você for transferir R$ 50, a TED terá o custo aproximado de 20% do valor transferido, o que é um peso para muitos, e creio que seja algo desnecessário a pagar. O PIX nos livrou dessa, porém, o público que não arreda o pé dos bancos tradicionais, nem mesmo para essas operações, de modo geral, ainda desconfia do PIX, e tem mais despesas financeiras que os mais jovens.

No meu caso, cheguei a pagar cerca de R$ 1.500 por ano para manter a conta de pessoa jurídica (PJ) da minha empresa. Há alguns anos, o meu custo é zero, por meio dos bancos digitais, com direito a transferências em geral, PIX, boletos e mais.

Como esses bancos se mantêm, então? Primeiro, o custo deles, por não ter agência física, é muito menor, como citei antes. Eles ganham quando aumentamos o relacionamento e fazemos pagamentos de contas diversas, investimentos, empréstimos, entre outros serviços que hoje eles oferecem, e esse leque só aumenta, consequentemente, as formas de gerar receita também.

Os bancos digitais e os tradicionais ganham uma taxa a cada conta que pagamos, por exemplo, da companhia energética, da operadora de telefonia, internet, entre outras. Não pense que o pagamento que fazemos do boleto ou débito automático é recolhido pelo banco e repassado de graça.

Tendo acesso ao nosso cadastro, podem nos oferecer, além de produtos de investimentos, acesso a crédito, financiamentos, seguros, previdências, empréstimo pessoal e consignado, convidam para a portabilidade do salário e vêm oferecendo cada vez mais produtos e serviços que movimentam o negócio. Imagina se eles cobrassem tarifa para manutenção de conta? Seria de cara uma barreira, objeção para que maior parte das pessoas não abrissem a conta.

Por ser digital, não significa que são inseguros. Eles devem ter todas as licenças e tudo o que é necessário, e serem regulados pelo Banco Central, para garantir a segurança de todos os usuários. Vale a pena você pesquisar, ver o que acha, conhecer melhor e ver se algum deles se adéqua ao seu perfil.

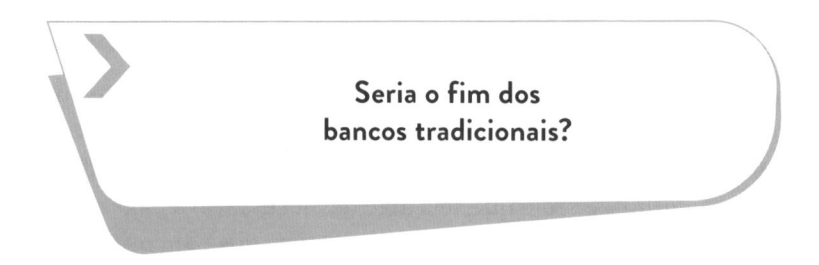

> **Seria o fim dos bancos tradicionais?**

Absolutamente, não. Mas eles precisam acelerar cada vez mais o processo de reciclagem e modernização, pois seguirão fortes no médio prazo, mas de acordo com a velocidade e crescimento dos hoje "pequenos", o cenário no longo prazo ainda é imprevisível no segmento.

Essa concorrência é saudável para o mercado e para os clientes, já que no Brasil quatro a cada cinco reais circulam entre os cinco maiores bancos do país. O mercado é dinâmico e cada vez mais nos apresenta novas possibilidades em relação às instituições, ao crédito e aos investimentos, democratizando mais os serviços e abrindo uma maior concorrência no setor, o que, na minha visão, já levou os grandes a saírem da zona de conforto e apresentar melhores condições para o cliente, mas ainda há muito o que melhorar. Por isso, é importante estar atualizado disso e da dinâmica da vida financeira, coisas que fazem parte também do nosso dia a dia.

"No banco digital, você tem todos os serviços de uma instituição financeira tradicional, mas com uma redução absurda na quantidade de taxas que se costuma pagar num banco comum."

RESERVA DE EMERGÊNCIA: NÃO TEM OPÇÃO, VOCÊ PRECISA DELA

Com o tempo, percebemos que tem gente que só aprende na marra, na força, na dificuldade, a importância de ter uma reserva de emergência, fundo de reserva, colchão de segurança, entre outros nomes que remetem ao mesmo objetivo. Mas você sabe exatamente o que isso significa? Sabe quais são a importância e o impacto dele na sua vida? Aqui lhe ajudo a saber como compor a sua reserva de emergência e de quais armadilhas fugir.

Essa tal reserva nos traz o mínimo de tranquilidade, representa um valor que dá suporte em algumas situações da vida, como desemprego, redução de renda, doença familiar, oportunidades, entre outras tantas razões que levem à necessidade de uso. No Brasil, ao se perder o emprego, recebe-se o FGTS, seguro-desemprego e rescisão. Porém, acontece de as empresas demitirem os funcionários e simplesmente não pagarem nada do que eles tinham direito, e o que resta é procurar a justiça, o que pode ser um processo bem longo. O fundo de reserva vem também para momentos como esse.

Um exemplo também para a possibilidade de uso é para "oportunidades" que é possível destinar o valor do fundo de reserva, por exemplo: você quer trocar de carro e seu vizinho quer vender o que tem por um preço abaixo do mercado porque está de mudança para o exterior. Trata-se de uma grande oportunidade e a reserva de emergência pode dar esse suporte. *Vale analisar com cautela e, quem sabe, de acordo com suas condições e seu planejamento, aproveitar o momento.*

Mas, como calcular o valor para compor o fundo de reserva? O ideal é que seja de seis a doze meses das suas despesas mensais. Ou seja, se uma família gasta R$ 1 mil por mês, precisa de R$ 6 a R$ 12 mil. Esse valor varia de acordo com o perfil de cada pessoa, de cada família. Sendo um casal de funcionários públicos, que tem estabilidade e perfil poupador, pode até partir para um fundo de reserva mais baixo, uma exceção eu diria, de quatro a seis meses. Já se tratando de um casal que trabalha no meio privado, o ideal, sim, é ter uma reserva maior, partindo para os doze meses das despesas mensais, tendo assim mais segurança.

Naturalmente, existem outras variações que podem ser adotadas, não há uma regra, mas o bom senso é importante, de forma que você tenha a segurança necessária.

A reserva de emergência lhe dá autonomia, permite que você tenha mais tranquilidade para suas escolhas e decisões. Imagine você querer mudar o rumo, ajustar algo na vida pessoal ou profissional e não ter nenhuma reserva, nada que lhe dê um respaldo nesse sentido, e com isso ficar ancorado, sem a possibilidade de redirecionar as velas, porque se parar de receber, não tem como pagar as contas do mês, o que talvez torne determinados planos realmente inviáveis.

Existem alguns erros bem comuns na hora de compor a reserva. Já vi muita gente dizer que tem um imóvel, uma sala comercial ou um terreno, e que qualquer coisa, se precisar de um dinheiro, vende. Entenda: isso não faz parte da sua reserva, pois o valor dela precisa estar investido em algum produto com liquidez! Você não consegue transformar um bem desse em dinheiro da noite para o dia. Ou seja, a reserva de emergência não está ligada à alta rentabilidade, mas à liquidez, que é a possibilidade de você ter o valor disponível de forma rápida quando precisar, essa é a prioridade.

Alguns produtos adequados e bastante sugeridos no mercado para esta finalidade são o Tesouro Selic, CDB (Certificado de Depósito Bancário) com liquidez diária e pelo menos 100% do CDI (Certificado de Depósito Interbancário) ou fundos de renda fixa com taxa de administração zero e que renda pelo menos 100% do CDI.

Outro erro comum que vejo é as pessoas utilizarem o fundo de reserva para fazer uma viagem ou festa de aniversário. Não é correto descapitalizar a sua reserva para esses fins, aniversário e viagem tem todo ano, você precisa se planejar para esses eventos.

> **Nesses produtos, você consegue um retorno acima da poupança e de uma parte significativa dos produtos oferecidos pelos grandes bancos.**

Independente da fase de sua vida, corra atrás para compor o seu fundo de reserva. Pode levar dois, quatro, cinco anos ou mais, o importante é começar, é dar o primeiro passo. Coloque uma meta de ter um mês da sua reserva, logo depois três meses, seis meses e vá avançando aos poucos. Invista de 50% a 70% do que poupa a cada mês com esse foco. O importante é ter consistência e recorrência mensal, ou ainda, estabeleça o valor e mensalmente poupe ele, como se fosse uma conta a pagar, o que de fato é, e encare dessa forma.

Você chega lá!

///////////////
"A reserva de emergência lhe dá autonomia, permite que você tenha mais tranquilidade para suas escolhas e decisões. Imagine você querer mudar o rumo, ajustar algo na vida pessoal ou profissional e não ter nenhuma reserva, nada que lhe dê um respaldo nesse sentido, e com isso ficar ancorado, sem a possibilidade de redirecionar as velas..."
///////////////

VENÇA OS DESTRUIDORES DE SONHOS

No dia a dia, deparamo-nos frequentemente com alguns obstáculos, tentações que nos deixam mais distantes de alcançar as nossas metas e nossos objetivos. São os chamados "destruidores de sonhos". E aqui vamos entender melhor sobre eles, para que você identifique quais estão na sua rotina e os vença de uma vez por todas! Existem muitos, mas hoje vou alertá-lo em relação a cinco que estão muito presentes por aí.

O primeiro deles é a **falta de planejamento**. É comum que as pessoas, simplesmente, pensem num objetivo, como fazer uma viagem internacional nas próximas férias, trocar de carro no próximo ano ou fazer uma festa para celebrar o aniversário, mas tudo isso sem planejamento, sem base para realizar de forma tranquila. É preciso listar a quantia necessária para alcançar cada meta, o prazo que tem para correr atrás e o quanto vai ser preciso dispor mês a mês. Tendo essa visão, é possível fazer ajustes para que seja viável a realização de cada desejo. Isso, sim, é um planejamento, é materializar os objetivos. Não esqueça: não basta planejar, é essencial ser fiel à execução do plano, precisa ter disciplina para cumprir o que planejou, e isso é o elo entre o sonho e a sua realização. Para cada sonho, um planejamento. E como costumo dizer, quem sonha e planeja, realiza! Ou simplesmente o lema que usei muito e até hoje me acompanha:

> **"SONHAR, PLANEJAR E REALIZAR".**

O segundo grande destruidor de sonho é o **cartão de crédito**. Na verdade, ele pode ser uma ponte para a realização dos sonhos, sim, não tenha dúvidas, e não sou contra ele, muito pelo contrário. Mas, diante da forma que vejo a maior parte das pessoas usá-lo, posso ser firme ao dizer que o torna um grande destruidor de sonhos e que ilude muitos que o veem erroneamente como um aliado. Ele pode ser um grande amigo, mas também um vilão. O mau uso dessa ferramenta deixa a vida de maior parte dos brasileiros enrolada, sobretudo com as compras parceladas.

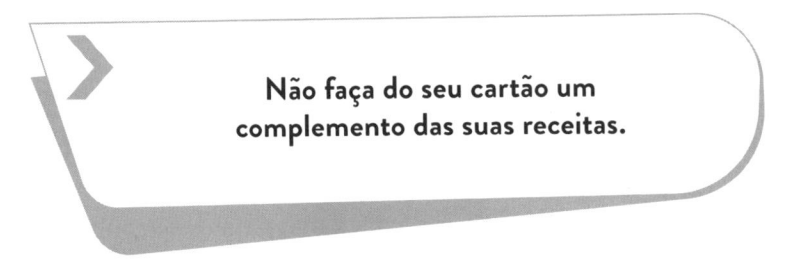

> **Não faça do seu cartão um complemento das suas receitas.**

É comum pessoas chegarem à metade do mês (ou até antes) e não terem mais dinheiro para nada, e com isso começam a usar o cartão para suprir algumas ou mesmo todas as demandas, mas não analisam se é algo realmente necessário para aquele momento de aperto. E então, no mês seguinte, apertam-se para pagar a fatura e começa a bola de neve. Essa é a famosa corrida dos ratos, na qual a pessoa trabalha, trabalha e só paga contas, não sai disso. Então, não se sente realizada porque nem alcança as metas e nem realiza os sonhos.

A **impulsividade**, terceiro destruidor de sonhos, é pesada nesse sentido também, pois termina por destruir muitos sonhos. Consumo inconsciente, impulsivo, está cada vez mais comum. O marketing feroz na tela do celular, as falsas necessidades e a carência das pessoas que levam a um consumo infinito, e a cultura de resolver aquela questão na mesma hora, de ter aquilo naquele momento, o imediatismo, sem poder esperar para juntar um dinheiro e, quem sabe, ter assim o poder de barganha para determinada compra à vista. Porém precisam saciar de imediato aquela necessidade.

Seguindo a história anterior, outro destruidor é o **preciso porque mereço**, porque a semana não foi fácil no trabalho, porque brigou com o companheiro, porque está na promoção, porque o frete é gratuito, porque pegou um trânsito intenso... uma série de questões que fazem com que a gente tenha esse impulso e ignore as prioridades. E aqui deixo a reflexão sobre o tal do "eu mereço", e como ele termina por lentamente destruir tantos sonhos, que vão sendo minados no dia a dia por esses pequenos merecimentos, cheios de justificativas.

O quinto destruidor comum é a **dificuldade de diferenciar os desejos das necessidades**, o que você quer e do que você precisa. E, com isso, os pequenos desejos e "quereres" do dia a dia vão minando também os grandes desejos, os verdadeiros sonhos. Adiante você se pega questionando por que não fez aquela viagem desejada e, certamente, aí está a torneira aberta que o impede de avançar para as conquistas maiores. Pois, de fato, muitas vezes é preciso agir mais focado nas necessidades, adiando ou mesmo ignorando os pequenos desejos em prol de algo maior.

Convido-o, então, a refletir sobre esses cinco destruidores de sonhos ou tantos outros que podem estar minando o seu caminho para alcançar suas metas. Reflita, planeje-se para o dia a dia, para os seus objetivos, tornando viável a realização deles dentro de suas possibilidades e no prazo adequado. Faça do seu cartão de crédito uma ponte, um amigo para ajudar no seu fluxo financeiro, para juntar milhas ou ter acesso e benefícios que são úteis e coerentes para você, não use de forma displicente. Procure ter tranquilidade nas suas escolhas, assertividade, e tudo isso vai lhe ajudar para que você alcance os seus objetivos.

Observe que depende mesmo e muito de você; portanto, não terceirize a responsabilidade pelo que não deu certo até então, assuma o controle e tome a frente!

/////////////
"Para cada sonho,
um planejamento.
E como costumo dizer,
quem sonha e planeja, realiza!
Ou simplesmente o lema
que usei muito e até
hoje me acompanha:
SONHAR, PLANEJAR E REALIZAR."
/////////////

NÃO SEJA ILUDIDO POR GOLPES E PIRÂMIDES FINANCEIRAS

Não é raro vermos casos de golpes financeiros, muitos baseados em pirâmides. O meu objetivo aqui é orientar e despertar as pessoas em relação a tudo o que envolve esse tipo de golpe e, claro, apesar de crer que você já está blindado em relação a isso, não custa aprofundarmos um pouco mais sobre o assunto a fim de ampliar sua cobertura e proteção.

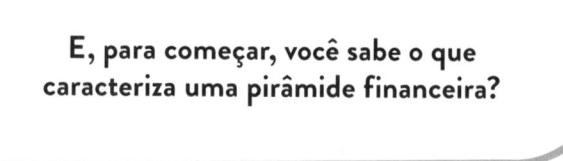

> **E, para começar, você sabe o que caracteriza uma pirâmide financeira?**

Digo-lhe, então, as principais características aqui. São elas: retorno fácil, rápido, muito acima da média de mercado e com pouco esforço. Muitas "oportunidades" chegam a dizer que o retorno é garantido, tem promessa de ganhos extras ao indicar novos clientes e se percebe a falta de informações claras sobre a empresa responsável por cuidar do dinheiro e também em relação aos seus sócios.

Olhos abertos, pois todo golpe, todo estelionatário, precisa de depoimentos a favor, de gente que tenha ganhado e, desta forma, "prova" que dá certo, tendo assim mais força para a adesão de mais pessoas.

Ao ver oportunidades, analise bem, consulte o site da CVM (Comissão de Valores Mobiliários) e procure saber se esta instituição ou este profissional está credenciado para oferecer tal serviço, e não custa pesquisar algo mais em sites como o "Reclame Aqui", fazer mais pesquisas na internet e procurar um planejador financeiro para se certificar da viabilidade dessa "oportunidade". E claro, não deixe de considerar fazer um planejamento financeiro aderente ao seu perfil, seus objetivos e suas possibilidades, com um profissional que possa contribuir fortemente nessa construção.

A verdade é que a falta de educação financeira é um dos principais motivos para vermos tanta gente caindo nesse tipo de golpe. A quantidade de pessoas que poupa e deixa o dinheiro na poupança evidencia a falta de conhecimento em relação a investimentos.

Normalmente, as pirâmides vêm cheias de gatilhos, pegando pessoas emocionalmente fragilizadas, muitos passando por momentos de adversidade financeira, ou também os que querem arriscar, "ver no que vai dar", atingindo pessoas que estão de olho em oportunidades e querem mudar de vida, e muitas dessas pessoas procuram isso da forma mais rápida e com menos esforço.

Outra coisa que é imprescindível trazer é a diferença que para muitos ainda não é tão clara, entre o marketing multinível e as pirâmides. O marketing multinível tem a receita baseada na venda de produtos ou serviços, por meio da indicação de distribuidores independentes, que recebem um bônus por isso, esse modelo comercial é sustentável. Já na pirâmide, o sucesso financeiro depende mais das taxas de adesão, da entrada de novos membros, que pode tomar forma, inclusive, na aquisição prévia de produtos.

> **Nos Estados Unidos há uma regra que estabelece que pelo menos 70% da receita deve ser originada das vendas. Caso contrário, temos uma pirâmide.**

Nos casos de pirâmide, a estimativa é de que mais de 85% dos integrantes tenham prejuízos, os únicos que ganham são aqueles que estão nos níveis mais elevados, que normalmente são poucos, dali para baixo o negócio termina desmoronando. Importante ressaltar que a prática de pirâmide financeira, naturalmente, é proibida no Brasil e configura crime contra a economia popular (Lei n.º 1.521/51).

O esquema de pirâmide só é vantajoso enquanto atrai novos investidores. Assim que os novos membros param de entrar, o esquema não tem como manter o retorno prometido e, no geral, antes mesmo disso entra em colapso. E nos primeiros sinais de dificuldade em fazer resgates do valor investido, as pessoas se comunicam, uma vez que é comum a entrada de muitos conhecidos. E com a quantidade de pessoas interessadas em fazer saque aumentando, percebe-se que isso não se torna possível. Não conseguindo fazer o resgate, a tensão aumenta e o cheiro de golpe fica mais forte. O resto da história você já deve conhecer, vemos frequentemente na mídia.

Portanto, olhos bem abertos. Desperte quem você sabe que está se iludindo com alguma falsa oportunidade.

Viva a realidade e se organize da melhor forma possível, sempre.

"O esquema de pirâmide só é vantajoso enquanto atrai novos investidores. Assim que os novos membros param de entrar, o esquema não tem como manter o retorno prometido e, no geral, antes mesmo disso entra em colapso."

O PLANEJAMENTO FINANCEIRO EFICAZ

A palavra planejamento é interessante. Para muitos parece algo distante, complexo, impossível. Mas se você parar, pensar e dedicar um tempinho para colocar no papel, verá que não é nada desafiador. É uma forma de procurar se antecipar em relação ao que deseja num futuro logo adiante ou mesmo num futuro mais distante.

Planejar não quer dizer escrever o que vai acontecer, mas projetar os seus objetivos de acordo com as suas possibilidades na linha do tempo. E não me refiro só ao planejamento financeiro, mas aos planejamentos familiar, profissional ou pessoal, porém, vou focar o financeiro. Venha comigo que vale a reflexão e a construção, para que você procure ter *insights* com o objetivo de se planejar da melhor forma possível.

O planejamento financeiro eficaz **precisa ter flexibilidade**, não pode ser algo tão rígido. Analise primeiro a partir de uma amostragem menor — o planejamento de um mês, por exemplo —, pois o período de trinta dias já é o suficiente para haver ocorrências fora do planejado. Portanto, a flexibilidade é necessária e contribui com a fluidez das coisas.

É fundamental estarmos prontos para os **REAIS IMPREVISTOS** da vida, pois invariavelmente eles vão acontecer e, como você sabe, diante de um real imprevisto, não é nada agradável ter que fazer contas. Por isso a importância de ter a flexibilidade, e procurar estar pronto para tais imprevistos é bem prudente.

É necessário **encarar as despesas sazonais de forma natural**, pois, sim, elas virão. Refiro-me a despesas como IPVA, IPTU, material escolar, entre outras, que para muitas pessoas acontecem a cada ano; portanto, não podem ser encaradas como uma surpresa ou atipicidade, afinal, já se sabe que elas existem.

O planejamento financeiro eficaz deve lhe permitir **viver intensamente o hoje, o presente, mas não como se fosse o último dia**, não podemos ignorar o amanhã e tudo o que ele nos trará, por isso, o equilíbrio é fundamental.

Algo comum que observo é em relação às pessoas viverem fora de suas possibilidades, portanto, **viver a realidade num PADRÃO DE VIDA ADEQUADO** é muito importante. Isto é, viver com menos do que ganha, de forma que construa reserva, poupe mês a mês, estando pronto para enfrentar as necessidades extras que surgirem, as adversidades e, claro, fazendo investimentos pensando no longo prazo.

A necessidade de se planejar é para **nos levar a perceber que é possível viver tudo isso por longo prazo**, ou seja, não adianta viver acima de suas possibilidades e ter como experimentar isso apenas nessa fase, tendo um futuro abaixo do que você vem se acostumando. Afinal, baixar o padrão e as possibilidades não é algo que alguém deseja. Portanto, é muito mais prudente manter um padrão que seja possível para os dias de hoje e de amanhã. É possível experienciar viagens e momentos pontuais que vão um pouco além, isso é mais do que válido e importante, mas o padrão, ou seja, o dia a dia deve se manter adequado às suas condições.

Ressalto aqui algo mais em relação à flexibilidade, **a importância de fazer ajustes sem QUEBRAR o seu plano central**, isto é, aproveitar oportunidades que surgem ao longo do mês, sem sentir o peso de não ter planejado aquilo. Isso mesmo, dentro do planejamento, é importante ter uma margem para o inesperado, os imprevistos e, como disse antes, oportunidades que a vida nos traz. Imagina saber de surpresa que um casal de amigos que mora fora está na sua cidade e quer passar um fim de semana com vocês numa praia perto, mas você está tão no limite que não consegue encaixar isso no orçamento. A ideia é que, sim, você possa fazer ajustes sem quebrar o seu fluxo.

Foco e firmeza em **construir a cada dia o presente e o futuro de forma CONSISTENTE**! Ter a consciência de que eles andam lado a lado e o que viveremos daqui a dois ou três anos virá de acordo com aquilo que vivemos e plantamos hoje.

Olhe para frente, para cima, faça os ajustes que sabe que são necessários e siga evoluindo, fazendo acontecer rumo ao que você deseja realizar!

////////////////
"Planejar não quer dizer escrever o que vai acontecer, mas projetar os seus objetivos de acordo com as suas possibilidades na linha do tempo."
////////////////

11

O PAPEL DOS SEGUROS NO SEU DIA A DIA

Esse tema é de fato relevante, pois é grande a falta de conhecimento e percepção das pessoas em relação à necessidade e às possibilidades dos seguros que hoje temos à disposição. É importante reconhecer que no dia a dia estamos expostos aos mais diversos riscos, por exemplo: risco de colisão e acidentes com automóveis, risco de vida, risco de saúde, residencial, patrimonial, entre tantos outros.

Naturalmente, nenhum contrato de seguro cobre todos os riscos que temos em determinadas situações. Os riscos são predeterminados, tal como: incêndio, roubo, furto, batida, invalidez e tantos outros. De acordo com a possibilidade de cobertura oferecida, o cliente deve avaliar o que deseja.

Para se chegar ao cálculo de um seguro, é necessária muita matemática, mas isso não é por parte do cliente, mas por parte da seguradora, a fim de viabilizar o negócio e honrar as demandas ocorridas de acordo com o contrato.

Ao fechar um seguro, o segurado paga a cada mês um prêmio, de acordo com o que foi contratado, e caso haja alguma falta que leve o contrato a executar uma indenização, é isso que o contratante, o segurado receberá: uma indenização.

Há várias formas de contratar um seguro, isso pode ser por meio dos corretores, você pode buscar produtos numa seguradora ou em varejistas. O mais importante é ter clareza do que você precisa para fazer uma contratação efetivamente adequada.

Quanto aos seguros disponíveis no mercado, seria impossível listar todos aqui, mas é possível indicar os mais comuns: seguro residencial, seguro de vida, seguro contra acidentes pessoais, seguro de carro, seguro-viagem, DIT (Diária por Incapacidade Temporária), seguro contra riscos financeiros, responsabilidade, seguro-saúde, entre outros.

Existem ainda os seguros facultativos e os obrigatórios. No Brasil, a maioria dos seguros vendidos é facultativo, mas, por lei, uma série de seguros são obrigatórios. Trago aqui o exemplo de dois seguros obrigatórios e que, ao financiar o imóvel, terão cobrança mês a mês junto com cada parcela que você paga: o seguro habitacional obrigatório de Morte e Invalidez Permanente (MIP) e o de Danos Físicos ao Imóvel (DFI). Há ainda o conhecido DPVAT, seguro de Danos Pessoais causados por Veículos Automotores de via Terrestre, que não foi cobrado nos anos de 2021 e 2022.

> Aqui vai uma dica de ouro! Ao contratar um seguro, o de carro, por exemplo, não procure observar apenas o valor dele e em quantas parcelas você pode pagar, mas tenha clareza em relação ao valor da franquia, que é o valor cobrado para que o seguro seja utilizado em caso de sinistros.

Se o preço dessa franquia for alto, caso seja necessário acionar o seguro, é preciso que você esteja preparado, pois muita gente se surpreende com isso, e, claro, desconfie dos seguros muito baratos, analise bem a sua cobertura e o valor da franquia, que normalmente é mais alta nos seguros mais baratos.

Outra dica preciosa quanto ao seguro de vida, por exemplo, é em relação aos beneficiários, mantenha isso atualizado na seguradora. É de fato relevante e não se atualiza sozinho. Caso não saiba, o beneficiário é a pessoa que se beneficiará com a indenização em caso de sinistro coberto pelo seguro contratado. Lembro do caso de uma cliente que tinha como beneficiário do seguro de vida seu ex-marido, e quando mostrei para ela o detalhe na apólice, ela quase infartou e correu para providenciar a mudança.

Todos precisam ter seguro? Nem todos precisam ter um seguro de vida, mas a maioria absoluta das pessoas em nosso país precisa ter, pois o seguro dá o respaldo para quem não tem um patrimônio que garanta tranquilidade para si e sua família em casos específicos, seja por invalidez, morte acidental ou natural. Olho vivo no que está contratando e se certifique daquilo que o seu seguro cobre exatamente.

Repito, olho vivo mesmo, cito aqui dois casos de seguros que não foram contratados em relação à sua cobertura com um olhar mais crítico, no caso de um cliente em que o foco da cobertura era baseado em acidentes aéreos. Imagina só, ele apenas receberia a indenização do seguro se a morte fosse decorrente de acidentes aéreos entre outras situações nessa linha. E então você pode estar se perguntando se isso não é porque a pessoa viaja muito, se expõe mais. Ok, não é o caso, mas ainda que fosse, o pagamento das indenizações não poderia ter apenas esse foco e descartar outras possibilidades do dia a dia.

O outro caso é de uma cliente que só receberia a sua indenização se a morte ou invalidez fosse decorrente de roubo ou furto. Com isso, você pode ver que nem todos os seguros se propõem a entregar algo efetivamente interessante, coerente, por isso, é mais que necessário analisar bem o que é proposto, conversar e fazer os ajustes.

E quando devo contratar um seguro de vida, por exemplo? Reflexão comum de muitas pessoas e o que você viu até aqui ilustra bem isso.

> Se você ainda não pode deixar a sua família em condições tranquilas no caso de sua ausência, o seguro é um bom instrumento para você.

Mas como escolho o meu seguro? Primeiro, sugiro que escolha o seu corretor de seguros, vá com calma e foco procurando o corretor especialista do tipo de seguro que deseja, e se quiser confirmar que esse corretor está credenciado na SUSEP (Superintendência de Seguros Privados), a consulta pode ser feita diretamente no site desta. O corretor tem um papel importante, pois devido ao conhecimento de mercado, ele deve identificar o seu perfil e as suas necessidades, a fim de apresentar diferentes possibilidades, propostas, para que juntos possam avaliar a proteção e cobertura que melhor se enquadra naquilo que você busca e tem a necessidade de proteger.

> **Lembrando que os corretores não estão presos a uma instituição apenas, e, como tal, têm a liberdade de apresentar ofertas e produtos de diferentes empresas para os seus clientes. Portanto, sempre cobre do seu corretor propostas de pelo menos três seguradoras diferentes.**

E se você ainda não tem um corretor, é importante pedir indicações. Para começar, você pode pedir propostas do que procura para dois ou três dos corretores indicados e, com base no atendimento, na conversa, na clareza das informações, dúvidas e, claro, das propostas, escolher o seu corretor.

É curioso quando vejo que a maioria das pessoas se preocupa em fazer o seguro do carro, mas ignoram o de vida. O carro anda por aí "assegurado", muitos vão dentro dele, mas sem seguro algum.

> **E diferente do que muitos pensam, o seguro de vida não beneficia apenas em caso de morte, pois não é difícil escutar por aí algo como "vou morrer mesmo, vou deixar dinheiro para os outros, é?".**

O seguro de vida pode proteger também para uma invalidez permanente ou em caso de doenças graves, entre outras possibilidades de resgate em vida, tendo ainda a alternativa de garantias relacionadas à aposentadoria, estudos, proteção familiar etc.

É importante ter clareza que o segmento de seguros vai além da proteção relacionada a riscos de morte. Como vimos anteriormente, tem ainda a proteção de bens materiais, e reforço, são inúmeros tipos de seguros e, de acordo com o risco, com a necessidade e com o interesse, cada um deve avaliar se precisa ou não ter um.

Em todo e qualquer seguro, você deve observar e escolher bem a proteção que procura ter, que considera relevante, e essa proteção é que lhe dará paz de espírito, falo aqui do estado emocional, pois de fato o seguro já ajuda a trazer essa sensação de tranquilidade.

Talvez você não saiba, mas as seguradoras também precisam de seguro, é o resseguro, que tem o objetivo de proteger o risco patrimonial delas, e é aí que entram as resseguradoras. Como você pode ver, o circuito é amplo.

O objetivo do que eu trouxe aqui não é comercial, mas de conhecimento para que cada um se organize e se planeje da melhor forma possível, afinal, os seguros fazem parte do planejamento financeiro pessoal e familiar.

No final das contas, nesse meio, há mesmo muito dessa frase de um sábio autor desconhecido:

> "Seguro é o único produto em que o vendedor e o comprador esperam que nunca seja usado."

///////////////
"É curioso quando vejo que a maioria das pessoas se preocupa em fazer o seguro do carro, mas ignoram o de vida. O carro anda por aí "assegurado", muitos vão dentro dele, mas sem seguro algum."
///////////////

PREVIDÊNCIA PRIVADA: SE VOCÊ TEM OU PENSA EM TER, NÃO DEIXE DE LER

Por muito tempo me impressionei com a falta de informação que as pessoas têm em relação à previdência privada, mas com o tempo pude entender melhor o que leva a isso. Primeiro, porque a previdência privada é vendida como um produto simples e sem muita análise em relação ao perfil, aos planos e às necessidades do cliente. Segundo, porque a confiança do cliente no gerente, corretor ou na pessoa que está viabilizando a previdência costuma ser tão grande, que algo tão importante quanto a previdência termina tendo detalhes definidos por alguém que não sofrerá impactos em relação a essas escolhas. Isso mesmo, as consequências, os impactos e mais do que acontecerá é do interesse do cliente, e não da outra parte que, infelizmente, de modo geral, está muito mais preocupada com a venda do que com a melhor escolha, mais assertiva e adequada ao perfil de quem está na frente.

Por isso, convido você, que tem ou pensa em ter uma **previdência privada**, a acompanhar ponto a ponto o que precisa analisar, não para sair como um especialista no assunto, mas para ter a base e maior clareza com o intuito de tomar a decisão quanto ao que é melhor para você.

$ VGBL ou PGBL?

Trago os nomes aqui pelo mínimo de formalidade, mas não se apegue a eles, à sigla e, sobretudo, o que é mais adequado para o seu perfil é o suficiente para que você siga avançando.

VGBL (Vida Gerador de Benefício Livre)

Indicado para a maior parte das pessoas que faz a declaração do Imposto de Renda (IR) simplificada. Não permite dedução no IR, e na VGBL, apenas os rendimentos têm incidência do IR, o que acontece no resgate.

PGBL (Plano Gerador de Benefício Livre)

Indicado para quem faz a declaração completa do Imposto de Renda, podendo descontar o que aportou na previdência ao longo do ano, com a limitação de até 12% dos ganhos. No caso do PGBL, o IR incide sob o todo, isto é, aportes e rendimentos, que são tributados no resgate.

A principal diferença entre VGBL e PGBL está na possibilidade de deduzir até 12% da sua renda bruta anual somada, ou seja, a sua renda tributável, com base nos aportes feitos durante o ano.

Vamos ao exemplo que faz com que você visualize melhor:

Supomos que você ganhe R$ 100 mil por ano. Pode, então, declarar uma renda tributável (sob a qual será pago o IR) de R$ 88 mil e os R$ 12 mil complementares pode aportar na totalidade no PGBL.

Ao resgatar esse valor no futuro, o IR incidirá sobre todo o valor, aportes e rendimentos. Podendo o imposto de renda (no caso da tributação regressiva) chegar a 10%, bem abaixo, portanto, dos 27,5% que incidiriam sobre a renda.

$ Tributação: progressiva ou regressiva?

A tributação regressiva é mais indicada para quem pretende fazer os aportes e efetivamente se beneficiar da previdência no longo prazo (dez anos ou mais), pois desta forma a incidência do imposto de renda será menor. Mas, se você tem dúvidas, ou mesmo acredita que pode precisar do dinheiro num curto ou num médio prazo, a tributação progressiva deve ser mais adequada para você.

- **Taxa de administração**

    Ponto de alerta e grande atenção, pois muitos fundos cobram taxas muito altas que terminam por corroer o plano. A taxa de administração do seu plano atual pode ser negociada, mas se você não estiver num bom plano, isso não será eficaz. Na maioria dos casos, termina sendo válido mudar para um plano que você percebe ter a taxa mais baixa, além de mais aderência ao seu perfil, aos seus planos e, claro, uma melhor performance que o seu atual. Para pessoas de perfil mais conservador, serve como referência buscar uma taxa de administração de 0,5% a 0,7%, no máximo 1%, mas isso também pode variar de acordo com outros detalhes.

- **Taxa de carregamento**

    As previdências mais novas, ou mesmo as pessoas que estão entrando agora, não costumam ter problemas quanto às taxas de carregamento, mas é importante estar de olho. Não aceite taxas de carregamento sobre os aportes iniciais e periódicos, e caso na proposta exista alguma outra, procure entender os detalhes, e ainda assim ver o que é possível negociar. Avance com segurança e tranquilidade em relação ao que está contratando.

- **Mix do plano**

    Aqui, refiro-me à estratégia que você tem no seu plano de previdência. Ela está mais voltada para a renda fixa ou para a renda variável? Tem prefixados, pós, ativos indexados à inflação? É importante analisar isso e conversar com o seu gerente, assessor ou corretor para que ele possa orientá-lo e viabilizar aquilo que mais se adéqua ao que você quer. Geralmente, ao se fazer a previdência, essa estratégia não é discutida como deveria, o que pode trazer efeitos negativos, sobretudo no longo prazo, se não houver acompanhamento e revisão periódica da estratégia.

    Quanto mais jovem, mais agressivo pode ser o seu plano, com mais exposição à renda variável, até mesmo os jovens de perfil conservador podem ter um percentual pequeno de renda variável, isso não faz com que deixem de ser conservadores. Quanto mais velho ou mais perto de se aposentar dê preferência para o perfil mais conservador, pois o tempo disponível para recuperação das oscilações do mercado é menor.

$ Portabilidade

Se diante de tudo o que você viu, percebeu que não tem muito o que melhorar continuando onde está, ou, por qualquer outra razão, prefere mudar, a possibilidade existe, sim, e ela é feita por meio de uma portabilidade que não é nada complicada. A portabilidade pode ser bem interessante para você que tem o objetivo de mudar para um novo plano com um custo menor, com maior alinhamento ao seu perfil, uma estratégia mais adequada ao que você busca e uma performance melhor.

Antes de fazer a portabilidade, a fim de não ter surpresas, vale dar uma olhadinha se alguma taxa de carregamento pode incidir; já quanto ao imposto de renda, sem problemas, em caso de portabilidade não há incidência. E, claro, não custa lembrar, ao fazer a portabilidade, não há possibilidade de mudar de PGBL para VGBL ou vice-versa.

Excelente para transferência de patrimônio, sucessão patrimonial, por ser mais simples, mais rápido e menos oneroso do que aquilo que entrará em inventário.

Outro ponto fundamental, e que, por falta de, mais uma vez, conhecimento, é frequentemente ignorado por aqueles que têm uma previdência privada, é o acompanhamento. É extremamente importante que se acompanhe o desempenho da sua previdência, a fim de analisar a estratégia adotada e quando devem ser feitos os ajustes necessários de acordo com o cenário econômico e tudo que o afeta.

Desta forma, você conseguirá tirar um melhor aproveitamento da sua previdência e, para isso, é importante que faça essa revisão a cada semestre ou, no máximo, a cada ano. Mas essa iniciativa deve partir de você, não espere do seu gerente, assessor ou corretor a prática de acompanhar isso periodicamente. Até existem profissionais e serviços mais diferenciados que tomam a frente, mas ainda está longe de ser algo comum e fácil de se encontrar.

Lembre-se de que, com o passar do tempo, sempre é importante aumentar o valor do seu aporte periódico.

> "É extremamente importante que se acompanhe o desempenho da sua previdência, a fim de analisar a estratégia adotada e quando devem ser feitos os ajustes necessários de acordo com o cenário econômico e tudo que o afeta."

NÃO DEIXE DE USAR O SIMULADOR DE SONHOS

Depois de falar da importância de ter metas, desafios, missões e mais outras formas de encarar seus objetivos, não posso ficar por aqui, vou lhe mostrar de forma simples uma forma de você planejar bem os seus sonhos. Posso lhe dizer que muita gente não avança pelo simples fato de não parar para pensar e analisar, planejar formas de realizar o que busca e, por isso, muitos ficam pelo caminho.

Para exemplificar, trago o caso de Daniel e Vanessa, que tinham o sonho de viajar para Europa quando completassem cinco anos de casados, excelente! Mas, até então, era só um sonho, nada mais. Lembro bem que, naquele dia, eles se referiram àquilo como algo praticamente impossível, improvável de acontecer. Logo perguntei para quando seria a viagem e eles disseram que a ideia era que fosse três anos adiante.

Perguntei a eles como costumavam fazer em viagens maiores em relação à forma de pagamento de passagens e hospedagem e a resposta ajudou, foi interessante. Assim como faço muitas vezes, não tiro de investimentos, mas do mês a mês, parcelando de forma que a última parcela seja até o mês da viagem, não deixando nada para depois dela, afinal, quem viaja, quando volta de uma viagem, já costuma estar saudoso da que voltou e pensando na próxima.

Pois bem, com isso, passagens e hospedagem, eles disseram que teriam como tirar do mês a mês, mesmo na fase de transição profissional que o casal passava, que era possível. Perguntei qual seria a dificuldade, então, e a resposta veio de imediato: "Os euros!". Pedi, então, que fizessem as contas de quantos euros precisavam levar e depois de uns cinco a dez minutos disseram que seria 3.600 euros.

Então ficou fácil, pois o prazo que eles tinham para a viagem era de 3 anos, exatamente 36 meses, e precisavam juntar 3.600 euros, logo, precisavam juntar o equivalente a 100 euros por mês. Cada um ficaria responsável por juntar 50 e os motivei a procurar em casa um pote de plástico transparente ou de vidro e, a cada mês, cada um passaria numa casa de câmbio e colocaria no pote os 50 euros. Se não conseguissem passar na casa de câmbio, colocariam o valor correspondente em reais no pote e, à medida que o pote fosse enchendo, ganhando vida e cores, era o sinal de que o sonho estava mais perto de se realizar.

Isso mostra que, sim, a criatividade é essencial e também nos ajuda a poupar. Estabelecer objetivos, sonhos, metas ou missões, seja lá como você quiser chamar, é também algo relevante para que se tenha uma motivação a mais para poupar e correr atrás do tal sonho.

Então, isso é o que deve acontecer para avançar no processo de forma consistente, usar o **simulador de sonhos**, que nada mais é do que você viu ser experimentado na história citada anteriormente.

Devem ser indicados os pontos a seguir:

- Objetivo?
- Quando?
- Quanto tempo poupando?
- Quanto?

Com base nessas informações, evidencia-se o plano mensal, que nada mais é do que o valor para realização do sonho (Quanto?), dividido pelo números de meses que terão para poupar (Quanto tempo poupando?), o que, conforme vimos no caso anterior de Daniel e Vanessa, seria:

> 3.600 (valor em euros) /
> 36 (número de meses poupando até a viagem)
> = 100 euros por mês

Simples assim! Imagine que em janeiro uma família define o sonho de passar o Natal Luz em Gramado, no mês de dezembro daquele ano, e que para isso precisarão de R$ 12 mil, logo eles terão de janeiro até dezembro, doze meses pela frente. Desta forma, temos o objetivo, o quando, o quanto tempo poupando e o quanto precisam para realizar o sonho.

Fica fácil e evidente o cálculo para o plano mensal: R$ 12 mil que é o valor para realização do sonho (Quanto?), dividido pelo número de meses que terão para poupar, que é 12 (Quanto tempo poupando?), ficando, então, o plano de poupar R$ 1 mil por mês.

Por isso, como já disse aqui no livro, levo firme até hoje o lema que norteou por bons anos o meu trabalho e até hoje sigo fiel a ele:

SONHAR, PLANEJAR E REALIZAR.

Ratifico: se você **sonha**, é possível, sim, **realizar**, sendo importante sempre o elo do **planejamento** e, claro, só ele não resolve, **se não tiver disciplina e execução para fazer acontecer no mês a mês, o sonho fica mais longe de se tornar realidade.**

É natural que alguns precisem de mais ou menos tempo para realizar o mesmo sonho, de mais ou menos esforço financeiro, mas a verdade é que planejando e acompanhando de perto a execução do plano, serão feitos os ajustes necessários para que as coisas aconteçam e o sonho se torne realidade.

///////////////
"Ratifico: se você sonha, é possível, sim, realizar, sendo importante sempre o elo do planejamento e, claro, só ele não resolve, se não tiver disciplina e execução para fazer acontecer no mês a mês, o sonho fica mais longe de se tornar realidade."
///////////////

PARTE II

$

FINANCIAMENTO IMOBILIÁRIO COMO VOCÊ NUNCA VIU!

14

PARTICULARIDADES DO FINANCIAMENTO IMOBILIÁRIO, PARA QUEM TEM OU PENSA EM TER

O sonho da casa própria segue firme na cabeça da maior parte dos brasileiros; porém, nem sempre isso é uma coisa pensada em detalhes e, boa parte das pessoas corre para realizar esse sonho por meio do financiamento imobiliário. O que é natural, pois se trata de um bem de alto valor e que não é fácil a compra à vista, porém o financiamento pode ser feito em diferentes instituições financeiras e com diversas particularidades, e é isso que as pessoas não têm conhecimento e terminam partindo para o que parece "óbvio".

É nessa hora que o gasto com a realização desse sonho pode custar bem mais caro no longo prazo, que é a forma mais comum, financiar a compra do imóvel em 20, 25, 30 anos, por exemplo.

E então, de forma prática, o que deve ser feito para evitar ao máximo a possibilidade de entrar num mau negócio? Primeiramente, não se prenda à possibilidade de procurar as condições do financiamento apenas na instituição financeira em que você tem conta, relacionamento, pois lembre: a que você não é cliente hoje, certamente, tem interesse de tê-lo nesta posição, e, como tal, tentará oferecer as melhores condições dentro do possível para que você faça o financiamento por meio dela.

Desta forma, sugiro que identifique as condições para o financiamento em pelo menos três instituições financeiras, pois assim é possível comparar a que lhe oferece uma proposta melhor, tendo em vista que esse financiamento trará uma parcela que deve estar presente no seu orçamento mês a mês e por longos anos de sua vida.

> Mas calma, se você já tem um financiamento em andamento, tem muito o que tirar do que trago aqui, siga comigo.

É extremamente importante que a comparação das condições apresentadas não seja feita apenas em relação ao valor da parcela, nem se deve olhar apenas os juros, mas o CET (*Custo Efetivo Total*), e é obrigatório que ele seja apresentado ao consumidor, com base na Resolução nº 3.517, de 2007, via Conselho Monetário Nacional (CMN).

Mas o que é o CET exatamente?

Bem, ele é composto da amortização que será paga a cada parcela, todos os meses, isto é, o valor tomado por você dividido pelo número de parcelas do financiamento. Composto também da taxa de juros a cada mês, pelos dois seguros obrigatórios, que são o de morte e invalidez permanente (MIP) e o de danos físicos ao imóvel (DFI), além da taxa de administração cobrada pela instituição que administra o financiamento.

Observe que o seguro de morte e invalidez permanente (MIP), por exemplo, varia de acordo com a faixa etária da pessoa. Quanto mais velho, mais caro o seguro e, consequentemente, o valor de cada parcela. Porém, o fator de cobrança para isso pode variar de acordo com cada banco, assim como em relação ao seguro de danos físicos ao imóvel (DFI), que aumenta de acordo com o valor deste.

De acordo com dados que vi numa pesquisa feita por uma consultoria especializada no setor imobiliário, a **Melhor taxa**, há bancos que conseguem manter um reajuste mais baixo do MIP (seguro de morte e invalidez perma nente), o que impacta diretamente em cada parcela.

A análise da instituição financeira vai além, examinando cada cliente, oferecendo condições diferentes, isto é, uma melhor taxa de juros se este tiver ou passar a ter um melhor "relacionamento" com o banco, o que inclui ter cartão de crédito, receber o salário no banco, ter investimentos, entre outras variáveis. Diante de tudo isso, o que fazer, então? Sem dúvidas, o melhor caminho é pesquisar, pesquisar e pesquisar, como trouxe no começo da nossa "conversa". Faça isso em três instituições financeiras e, se possível, até mais, e analise todos os detalhes, veja todas as possibilidades, peça o CET de forma aberta para que seja possível comparar, analisando o custo de cada item que o compõe. Lembrando: **amortização, taxa de juros, seguros e taxa de administração.**

E o mais interessante é que isso não serve apenas para quem está começando um financiamento. Quem já tem o seu em andamento, pode fazer a portabilidade em busca de melhores condições, a depender do cenário que encontro, sempre oriento muitos clientes a fazer essa busca.

> Claro, exige um tempinho para que você corra atrás, mas se não fizer isso, me conta, quem fará por você?

A possibilidade de conseguir uma redução na portabilidade é real, e ver o valor da parcela cair como fruto dessa iniciativa, é recompensador.

Mas calma: para fazer a portabilidade do financiamento, normalmente, você tem o custo de vistoria do imóvel, cobrado pela nova instituição, além de despesas cartoriais, e tudo isso não costuma sair barato, por isso vale analisar esse custo em relação à economia que será gerada pela redução com o passar do tempo, e daí é fazer acontecer.

Considere ainda que, ao apresentar a nova proposta que você tem em mãos para a instituição que você tem o financiamento hoje, existe a real possibilidade de que ela não queira perdê-lo como cliente e recue, melhorando as condições do seu contrato, sendo assim, GOLAÇO!!!

Você não teve despesas com a portabilidade, e reduziu bem as do seu contrato atual. Isso depende de você, corra atrás, faça acontecer e depois me conte se deu certo lá no Instagram @personalfinanceiro. Vai ser bom saber!

Se fez sentido e foi interessante para você entender melhor as minúcias do financiamento imobiliário, respire, porque o que trago em seguida é algo que muda a vida de quem tem um financiamento imobiliário. E é uma coisa que não, não espere que os bancos lhe contem isso um dia, porque não faz sentido para eles, que não tem interesse em reduzir os próprios ganhos.

Mas você, sim, certamente, tem o grande interesse em reduzir as suas despesas, não é mesmo? Então, vá se preparando para as próximas linhas!

> "É extremamente importante que a comparação das condições apresentadas não seja feita apenas em relação ao valor da parcela, nem se deve olhar apenas os juros, mas o CET..."

15

TENDO DINHEIRO EXTRA, QUAL A MELHOR OPÇÃO EM RELAÇÃO AO FINANCIAMENTO DO SEU IMÓVEL?

Uma dúvida comum que vejo no dia a dia das pessoas é a respeito do financiamento do imóvel. Pintou uma grana extra... e agora? É melhor investir ou amortizar o saldo devedor do imóvel? No caso de amortizar, vale mais a pena pelo prazo ou pela parcela? Tem algumas reflexões e análises que são o ponto de partida para que você faça a melhor escolha.

O primeiro ponto que se deve pensar é: você já tem a sua reserva de emergência? Essa é uma premissa básica e fundamental da vida financeira. Não adianta você usar toda a sua reserva para quitar o imóvel e ficar descapitalizado.

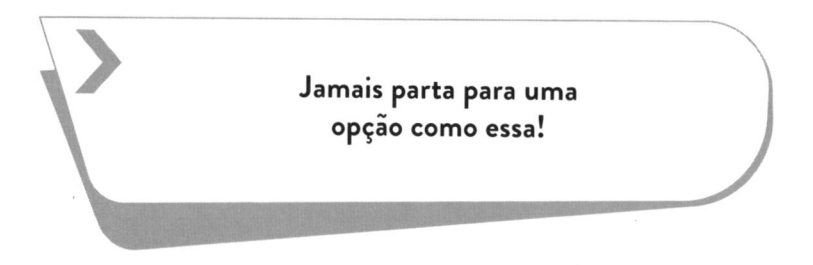

> Jamais parta para uma opção como essa!

Lembrando, o ideal é que você tenha como reserva de emergência o valor equivalente a, pelo menos, seis meses das suas despesas mensais. Preserve a sua reserva! Alguém mais arrojado pode partir para reduzir ou amortizar o saldo devedor e ficar com uma reserva inferior a que indiquei.

Dependendo do perfil, é possível, sim, fazer isso sem problemas e, em seguida, recompor a reserva.

Com o dinheiro excedendo a sua reserva de emergência, sim, é hora de considerar seriamente a possibilidade de amortizar o saldo devedor do seu imóvel. É importante você entender bem as taxas do seu contrato. A maioria das pessoas não sabe o peso do financiamento, mas é a partir daí que você vai tomar uma decisão.

Muitos se perguntam se não vale investir o dinheiro extra, mas, de fato, só vale a pena investir se o retorno for superior à taxa de juros do financiamento do seu imóvel. Porém, infelizmente, não é comum conseguir essa condição, além de que, sim, é preferível avançar com a amortização, com a quitação da dívida existente.

> **Se você viu que realmente o ideal é reduzir o saldo devedor neste momento, o banco vai lhe perguntar: você prefere reduzir o prazo, mantendo o valor da parcela no mês a mês, ou manter o prazo e reduzir o valor da parcela?**

Diante dessas duas alternativas, você precisa refletir o seguinte: o valor da parcela cabe no seu orçamento com tranquilidade? Se a resposta for sim, sem dúvidas o melhor é manter o valor da parcela e reduzir o prazo. Afinal, em cada parcela, além dos juros, há a taxa de administração, seguros... ou seja, quanto menos parcelas você pagar, menor o seu custo total.

Por outro lado, se você paga a parcela com dificuldade, se o seu orçamento está apertado, a melhor alternativa pode ser reduzir o valor da parcela. Por mais que financeiramente não seja a melhor opção, essa escolha o ajudará a não ficar com a corda no pescoço mês a mês num financiamento que, normalmente, é de longo prazo.

Vale a análise, a reflexão, e espero ter lhe ajudado a entender melhor, e mesmo que essa não seja a sua realidade hoje, vale o conhecimento, pois, a partir disso, você certamente pode ajudar alguém com essa dúvida.

Mas antes de mudar de assunto, vou voltar um pouco...

Antes de financiar um imóvel, é importante analisar bem, estar seguro de sua decisão, não entre no ritmo da parte interessada na venda do imóvel, afinal, você pode apressar a decisão, ganhar velocidade e perder a direção.

> **Em muitos financiamentos, é comum que por alguns anos você amortize o saldo devedor do seu empréstimo com apenas cerca de 30% do valor da sua parcela a cada mês, ou seja, se você paga uma parcela de R$ 2.100, apenas cerca de R$ 700 serão abatidos no valor da sua dívida e o restante é composto por juros, seguros e taxa de administração.**

Então, não olhe se o valor da parcela cabe no seu orçamento, olhe a taxa de juros, o custo efetivo total (CET) do seu financiamento, busque mais opções de financiamento em outras instituições financeiras, compare, veja alternativas de reduzir a taxa, não tenha pressa e, se possível, vá além, tente juntar um bom valor de entrada para que, assim, financie o mínimo possível.

Nesse meio tempo, a decisão em relação ao tipo, ao padrão, à localização, ao tamanho do imóvel e à estrutura vão amadurecendo melhor, tendo mais clareza para você, afinal, na maior parte dos casos, quando a pessoa quita o imóvel, a necessidade real naquele momento é outra, diferente do propósito inicial no momento da compra, anos e anos antes da quitação.

> "Antes de financiar um imóvel, é importante analisar bem, estar seguro de sua decisão, não entre no ritmo da parte interessada na venda do imóvel, afinal, você pode apressar a decisão, ganhar velocidade e perder a direção."

16

ISSO O BANCO JAMAIS VAI LHE EXPLICAR COMO FAZER...

Seguimos na saga do imóvel financiado e reforço que não acho isso nenhum absurdo, mas há formas e formas de entrar e de sair, ou seja, quitar um financiamento. O que trago agora realmente você não vai ver facilmente por aí, muito menos alguém do banco vai lhe contar.

A verdade é que boa parte das pessoas que financia um imóvel paga mês a mês, ano a ano, na valsa, seguindo cada parcela conforme é debitada. Ok, até aí, nada de errado, mas pode ser diferente. Na verdade, bem melhor, e isso faz mais sentido para quem tem a vida financeira organizada, e ainda mais para quem também tem alguma reserva financeira, vou lhe explicar em detalhes na sequência.

Não é tão difícil quanto muitos pensam, reduzir, por exemplo, o prazo restante do financiamento pela metade, com uma atitude muito simples. Para facilitar, gosto de trabalhar com números redondos, digamos, então, que o valor da sua parcela seja de R$ 1.000. Normalmente cerca de 30% do valor da parcela é o que amortiza o saldo devedor, ou seja, o valor que resta do que você pegou emprestado para a aquisição do seu imóvel. Isso quer dizer que a cada parcela que você paga, R$ 300 é o valor reduzido do seu saldo devedor e a diferença de R$ 700 para fechar os R$ 1.000, aproximadamente 70% do valor pago, é composto dos dois seguros obrigatórios que vimos antes, o MIP e o DFI, pela taxa de administração e pelos juros.

Dessa forma, se você paga uma parcela por mês, e a cada parcela subtrai R$ 300 do saldo devedor, para reduzir uma outra parcela, basta você pagar mais R$ 300 "no mês", e assim você estará pagando 24 parcelas por ano, reduzindo o prazo do seu financiamento pela metade.

> **Olho nisso, ao pagar um valor extra do seu financiamento, o banco vai perguntar se você quer reduzir o valor da parcela ou o prazo. Financeiramente falando, e normalmente para quem toma essa atitude, faz sentido reduzir o prazo.**

Vimos isso antes e você pode reler no Capítulo 15, que faz parte do conteúdo precioso que eu trouxe sobre financiamento neste livro.

Para fazer isso, basta você entrar no aplicativo do seu banco ou no aplicativo voltado para **habitação** e contratos de financiamento dele e gerar um boleto para pagamento do valor extra que deseja amortizar. Lembro que, financeiramente falando, a opção de redução pelo **prazo** é a melhor escolha, de forma que você manterá o mesmo valor da parcela, mas reduzirá a quantidade de parcelas, ou seja, o prazo. Sendo assim, quanto menos parcelas pagar, menos despesas, como juros, seguros e taxa de administração, reduzindo o custo final do seu financiamento.

Nesse exemplo, você reduzirá o prazo de 30 para 15 anos, se a cada mês pagar R$ 300 extras, e diminuirá ainda mais o prazo se aumentar o valor extra amortizado a cada mês. Tenho vários cases de clientes que reduziram o prazo do financiamento de 26 anos para menos de 2, de 15 para 8, de 25 para 10 anos etc.

Mas como reduziu de 26 para menos de 2 anos? Ok, esse é um caso de alguém que, além de conseguir reduzir várias parcelas a cada mês, tinha uma parte da sua reserva financeira que podia usar também para amortizar o saldo devedor, tudo isso feito numa análise detalhada, para que os passos fossem dados de maneira segura e bem planejada.

Há pessoas que usam sempre o FGTS, entre outras possibilidades que, de forma inteligente, podem reduzir fortemente o período de financiamento e, consequentemente, todos os custos atrelados, que você agora percebe com mais clareza do que se trata e os caminhos para avançar da melhor maneira.

Por experiência, posso dizer que isso pode ser feito com tranquilidade, mas requer disciplina e planejamento, e foi bem assim que reduzi o prazo do meu financiamento de forma significativa.

"A verdade é que boa parte das pessoas que financia um imóvel paga mês a mês, ano a ano, na valsa, seguindo cada parcela conforme é debitada. Ok, até aí, nada de errado, mas pode ser diferente. Na verdade, bem melhor, e isso faz mais sentido para quem tem a vida financeira organizada, e ainda mais para quem também tem alguma reserva financeira"

PARTE III

$

CARTÃO DE CRÉDITO E EMPRÉSTIMOS

A HISTÓRIA DO CARTÃO DE CRÉDITO, APRECIE COM MODERAÇÃO

Acho essa história muito interessante e vale muito conhecer, entender de onde e como surgiu o cartão de crédito. Em 1949, o advogado Frank MacNamara estava reunido com alguns executivos financeiros em um restaurante na cidade de Nova York e se deu conta de que não estava com dinheiro e muito menos com o seu talão de cheque para pagar a conta. Ele não teve dúvidas, pegou o seu cartão de visita, assinou e se comprometeu a pagar no dia seguinte o valor que estava em aberto naquela noite. E daquele cartão de visita, que abriu a possibilidade do crédito para o pagamento posterior, foi estruturado o Diners Club, já num perfil diferente do cartão de crédito que tinha surgido em 1920, em que era concedido apenas para os clientes mais fiéis de determinados estabelecimentos, com os quais se tinha uma relação confiável, uma vez que eles reconhecidamente pagavam suas contas em dia.

O Diners Club, fundado por MacNamara, por sua vez, era aceito em 27 restaurantes, e naquela época era usado apenas por pessoas consideradas importantes, cerca de 200 amigos do fundador. Em 1958, veio a American Express, e em 1966, o cartão BankAmericard se tornou um sucesso, pois era aceito em mais de 12 milhões de estabelecimentos e, pouco tempo depois, passou a se chamar Visa. Naquele mesmo ano, foi criado o MasterCard, bandeira de cartão bastante sólida e também conhecida mundialmente.

Temos cinco marcas bastante conhecidas pelo brasileiro, consolidadas pelo tempo de mercado: Visa, MasterCard, Amex, Diners e Hipercard, que é um caso de sucesso pela forma como surgiu, avançou e se consolidou. E mais recente, a bandeira Elo tem crescido e conquistado espaço.

E o brasileiro não ficaria por aí. Assim como estabeleceu o famoso cheque pré-datado, que surgiu na década de 1980 e, caso você não saiba, era uma modalidade diferente do uso padrão, pois no pré-datado o cheque ficava guardado por quem o recebia para que fosse creditado apenas na data combinada entre as partes, ou seja, adiante acontecia a efetivação do pagamento. O brasileiro trouxe de forma implacável também as compras parceladas no cartão de crédito para o seu dia a dia, modalidade que hoje representa mais da metade do faturamento do segmento de cartões de crédito no país, o que é bastante representativo.

E aí vem a questão da educação financeira, claro, eu não podia deixar de contextualizar. Muitos brasileiros fazem do cartão de crédito algo realmente perigoso em suas vidas, infelizmente, mas é a realidade.

> Tanto que, normalmente, quando me deparo com algum aluno ou cliente endividado, há ali no meio um cartão de crédito mal utilizado, o que me dá a certeza de que, para muitos, não é uma ferramenta, mas uma arma que aterroriza a vida financeira de uma quantidade absurda de pessoas.

De modo geral, as pessoas não fazem uso adequado do cartão, parcelam de forma exagerada, trazendo descontrole para o orçamento, vejo isso com frequência entre vários clientes que acumulam muitas compras no cartão e, com o tempo e o objetivo de não pesar tanto na próxima fatura, parcelam as compras, e aos poucos adquirem esse hábito. O peso não deixa de vir, porém acontece aos poucos, mas como as parceladas se acumulam, rapidamente o peso se torna grande a cada mês, a cada fatura.

A oferta está cada vez maior e mais incisiva, muitas pessoas passam não só a ter, como a usar mais de um cartão no dia a dia, e isso aumenta a possibilidade de descontrole, endividamento e inadimplência, tal como de assumir mais despesas com anuidade.

Os cartões com cobrança de anuidade são vantajosos para poucos, na prática, pois maior parte das pessoas não gasta o suficiente para realizar o sonho de juntar milhas para uma boa viagem. Termina que precisam aguardar mais tempo para juntar mais milhas, que logo começam a expirar, de forma que o objetivo da viagem termina indo por água abaixo.

E a cautela vai além da análise de se beneficiar com as milhas, que, diga-se de passagem, muitos gastam no cartão para juntá-las, mas sequer sabem quando elas vencem, e desconhecem a relação de milhas por dólar gasto do cartão.

Pois é assim que maior parte deles funciona: você junta milhas de acordo com o valor de sua fatura em dólar. E, como disse, a cautela vai além, precisa ser redobrada em relação às compras parceladas, que se forem feitas em grande quantidade, somam valores que podem comprometer bastante a renda.

Há uma significativa falta de organização e percepção, doce ilusão que faz acreditar que, ao passar o cartão, a conta está paga, mas absolutamente não está. Ao digitar os 4 ou 6 dígitos, você apenas "assinou" uma promissória a pagar.

Olho vivo, não faça dessa poderosa ferramenta de crédito uma extensão do seu salário. Quando bem utilizado, o cartão é realmente incrível, quando mal aproveitado, costuma ser bem desastroso.

////////////////
"Há uma significativa falta de organização e percepção, doce ilusão que faz acreditar que, ao passar o cartão, a conta está paga, mas absolutamente não está. Ao digitar os 4 ou 6 dígitos, você apenas 'assinou' uma promissória a pagar."
////////////////

USE O CARTÃO DE CRÉDITO DE FORMA INTELIGENTE

Muitas pessoas acham mesmo que usam o cartão de crédito de uma forma inteligente, mas o que vejo no dia a dia é que não é bem isso. Destaco sempre que a cada dez pessoas enroladas, endividadas que atendo, oito ou nove têm um cartão de crédito mal utilizado no meio. Aqui, você poderá refletir melhor sobre como otimizar o uso do cartão, o que fazer e o que não fazer.

O cartão de crédito é um instrumento de acesso ao crédito, simples, prático e rápido — para o bem e para o mal, pode-se dizer —, seu uso é polêmico. Um grande parceiro e amigo para algumas pessoas e, para tantas outras, uma dor de cabeça daquelas a cada mês, vilão e um meio evidente para o endividamento. Isso mesmo, muitos brasileiros que estão enrolados ou endividados, têm ele mal utilizado no meio da história. E, para você, ele é parceiro ou motivo para dor de cabeça? Faço essa pergunta de vez em quando e vejo uma diversidade de opiniões e formas de encarar o cartão.

> Quando lhe perguntam: "Senhor(a), quer pagar no crédito ou débito?", bate uma dúvida?

Com base em que você toma essa decisão?

E se você tiver a possibilidade de parcelar em dez vezes sem juros? Sente-se tentado? Afinal, para muitos, pode aliviar e cair bem o valor mês a mês para quitar aquela compra, porém, seriam meses pagando aquilo, hein?

O cartão de crédito pode trazer controle ou descontrole, pode ajudar a ter maior domínio das contas ou se perder completamente. Ou seja, tem a parceria e a dor de cabeça, o lado amigo e o lado vilão. O cartão de crédito pode servir para aliviar o fluxo financeiro mensal ou para empurrar as contas para o mês seguinte de forma descontrolada e inconsequente, apenas adiando e podendo aumentar ainda mais a tal dor de cabeça. Neste último caso, pode até parecer um amigo, dando a oportunidade de jogar as despesas para frente, mas será que é isso mesmo? Será que quando o seu dinheiro acaba e você usa o cartão de crédito para supérfluos, está fazendo um bom uso do cartão? Lembre-se de que no mês seguinte vem o acúmulo dessas pequenas compras, despesas, e quem sabe pode obrigá-lo a "jogar" para frente de novo tornando o começo da bola de neve uma grande avalanche, que dá sinais fortes quando não se tem o dinheiro para pagar o total da fatura do cartão. Ou seja, sinal de que é mais que hora de puxar o freio de mão e mudar muito, quase tudo, ou a situação entra na via expressa do endividamento, e para tantos outros, do superendividamento.

Se você sabe que já não está com dinheiro, e o que o permite pagar suas despesas é o cartão de crédito, cautela, procure não ir além, ou seja, gaste apenas com algo relacionado a saúde, alimentação ou transporte, nada mais, zere supérfluos e só parcele se realmente for necessário.

> **Tem gente que diz:**
> **"Pago tudo no cartão de crédito para ganhar milhas."**

Tem o caso de quem se vale do cartão para acumular milhas, mas não faz uma boa gestão, ou mesmo não faz nada, zero gestão, e acaba ficando "milionário" (com muitas milhas), mas sem o dinheiro para viabilizar a hospedagem, os passeios e outras despesas de uma viagem. E aí, as milhas acabam por expirar, e dependendo da sua situação e das prioridades, não faz sentido pagar anuidade para ter milhas, se nem mesmo se reverte as milhas como forma de gerar uma renda extra, o que é totalmente possível.

Costumo dizer que, para comprar passagens, é possível usar dinheiro ou milhas. Logo, milhas é igual a dinheiro. Se você deixa as suas milhas vencer, está jogando dinheiro fora. Não deixe isso acontecer, venda suas milhas e faça uma renda extra. Troque por eletrônicos, eletrodomésticos, combustível, itens para a casa, roupas, entre outras opções. Mesmo que essa troca não seja lá tão vantajosa, é melhor do que perder as milhas; melhor do que, literalmente, jogar dinheiro fora.

A verdade é que até hoje pouquíssimas pessoas, que me disseram pagar tudo no cartão para ganhar milhas, faziam uma gestão das milhas, muitas deixam vencer. Como vimos, estão perdendo dinheiro, assim como grande parte desconhece a relação de milhas por dólar gasto do cartão, ou seja, quantas milhas o cartão entrega a cada dólar gasto. Isso quer dizer que a pessoa até tem boa vontade de pagar tudo no cartão para ganhar milhas, mas não correu atrás do básico necessário e, assim, dificilmente o objetivo será atingido.

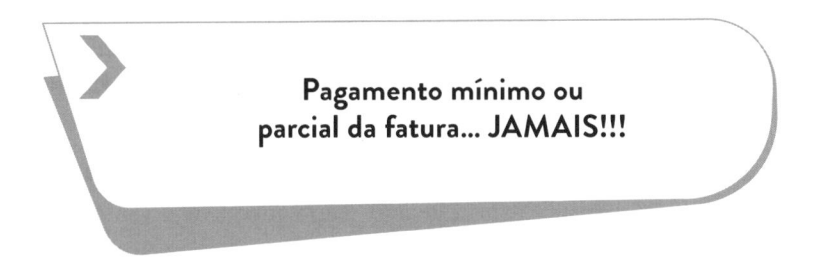

> **Pagamento mínimo ou parcial da fatura... JAMAIS!!!**

Retomo um ponto em relação ao pagamento da fatura. Quando ela chega, você honra com tranquilidade ou é aquela "guerra" e acaba não conseguindo pagar o valor total? Fuja de pagar o mínimo, o cartão de crédito tem um dos juros mais altos do mercado. É um crédito pré-aprovado, assim como o do cheque especial, e você precisa lembrar sempre que dinheiro que vem fácil, não é só aquele que vai fácil, mas custa caro, muito caro.

Se chegar nessa situação, vale mais a pena tomar um empréstimo pessoal, pois os juros, apesar de geralmente altos, são bem melhores, menores se comparados aos do cartão de crédito. O que traz a possibilidade de trocar uma dívida mais cara por uma dívida mais barata. Pense nisso, e mesmo que não seja o seu caso, vale o aprendizado e, certamente, você iluminará a vida de alguém querido com essas dicas ao longo de sua vida.

Se usado de forma inteligente, o cartão traz segurança, pois é um "dinheiro de plástico", cada vez mais utilizado mundo afora. Se você perde, basta bloquear e solicitar outro ou até mesmo fazer o bloqueio parcial no aplicativo, e se encontrar o cartão, é só desbloquear por lá novamente. Já o dinheiro em espécie, se você perde, não é fácil recuperar, pode até voltar para sua mão um dia e você nem o "reconhecerá".

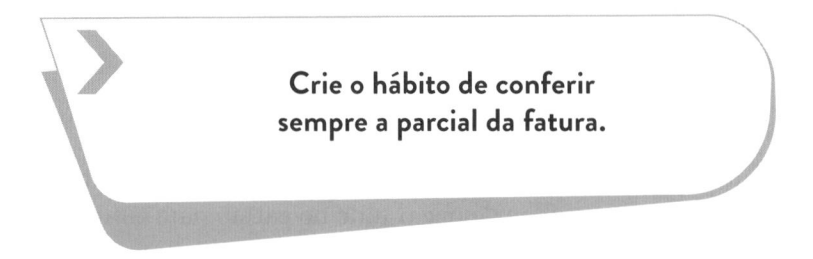

> **Crie o hábito de conferir sempre a parcial da fatura.**

Se você tem o hábito de checar as parciais da fatura, isso o ajuda a ter as rédeas mais curtas e a dosar, puxar o freio de mão, se for necessário. Checar a fatura pode ser feito de forma semanal, ou no máximo a cada dez dias, e não leva mais do que cinco minutos, muito menos do que a maioria das pessoas passa cada vez que entra no WhatsApp ou Instagram, por exemplo.

Porém, o mais comum é as pessoas não fazerem esse acompanhamento e, quando chega a fatura, esta já leva uma grande parte do salário e sobra pouco para as outras despesas do mês, de forma que nos primeiros quinze dias o cartão já tem um papel fundamental na manutenção das despesas dessas pessoas.

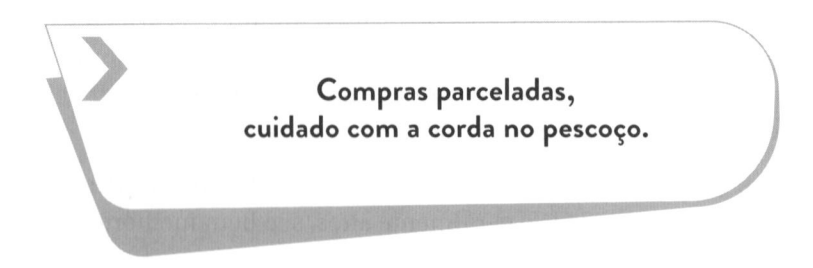

> **Compras parceladas, cuidado com a corda no pescoço.**

Destaco aqui mais alguns pontos de atenção em relação às compras parceladas, que, sim, podem ser feitas, porém, se feitas em excesso, são um atalho para problemas financeiros. Portanto, não faça compras parceladas de forma aleatória, seja coerente e inteligente, afinal, não é difícil saber se a corda já está no pescoço, saiba a hora de parar e refletir sobre suas compras, despesas e adiar para o próximo mês a fim de conter o impulso e evitar mais acúmulo no cartão.

Por muitos anos, entre os meus clientes, o recorde de parcelas de uma pessoa — que eu já tinha visto — era de 57 e, para um casal, era de 99. Nesse caso, por exemplo, a soma das parcelas passava de R$ 12.000, uma grande mordida de cara na renda mensal. Imagine que a pessoa que usa muito cartão para compras parceladas, consequentemente, também usa no crédito rotativo, logo, o valor da fatura ia muito além disso.

Mas o tempo passou e esses recordes mudaram. Tive um cliente que na soma dos seus cinco cartões de crédito totalizava sozinho 150 compras parceladas, o que representava mais de 70% do salário dele, que não era baixo. Ele já comprometia de cara não só aquele mês, mas também os próximos. Assim como um casal que tinha 130 compras parceladas, o que também já levava uma fatia significativa da renda mensal.

Logo, é possível perceber que compras parceladas em excesso são extremamente prejudiciais, um caminho curto para o desequilíbrio financeiro. Bem, sabemos que, de parcelinha em parcelinha, o valor acumulado dispara, e nem adianta somar item por item da fatura acreditando que a soma está errada.

A grande questão está na mudança da forma de usar o cartão de crédito, adequar de maneira que não se saia gastando de forma aleatória com o discurso de que lá na frente se resolve.

Fique de olho na anuidade, pois, para a maioria das pessoas, não faz sentido algum ter um cartão de crédito com mais essa despesa. De acordo com o perfil e a necessidade, opte pelos gratuitos. Para ter acesso à essência deste instrumento, ou seja, ao crédito, tem muitas alternativas de cartões sem anuidade, e até mesmo promoções que surgem esporadicamente, sujeitas à análise de crédito, para a concessão de excelentes cartões, cheios de benefícios e com anuidade gratuita de forma vitalícia.

Além da anuidade, destaco aqui o seguro do cartão de crédito, que é uma taxa no geral, pequena, mas se trata de uma despesa fixa e desnecessária, uma vez que a segurança é um dever da operadora e deve estar na natureza do cartão. Por isso, não é o seguro que vai aumentar essa tranquilidade na prática. Mas, naturalmente, as operadoras, a fim de aumentar receita, procuram fazer a venda.

> Não tenha mais que dois cartões de crédito e procure concentrar tudo em um deles.

Tem muita gente por aí se enganando ao usar dois ou mais cartões de crédito no dia a dia. Enganam-se porque todo cartão terá uma fatura vencendo mensalmente, entre dia 1 e dia 30, ou seja, não adianta sair tentando fazer malabarismo, até mesmo quem possui receitas quebradas, que entram em dias diferentes do mês, piorou quem recebe de um vínculo, salário mensal. O que adianta ter um cartão que vence dia 10 e outro dia 25? Malabarismo... uma hora as bolas caem e o negócio se complica mais.

Vale ter dois cartões, mas o segundo é aquele que fica de *backup*, para casos de urgência e necessidade por perda ou roubo do cartão titular. Esse segundo cartão deve ser sem anuidade e sem preocupações com benefícios, debe ficar em casa numa gaveta e não precisa andar com você no dia a dia. É simplesmente para ter acesso ao crédito em caso de algum problema com o seu cartão principal.

Concentrar tudo num só cartão facilita a dinâmica do dia a dia, é mais fácil conferir a fatura, acessar um só aplicativo para acompanhar as parciais e não precisa ficar usando outro cartão porque o principal já está com a parcial alta, pois, no fim das contas, todos terão a fatura vencendo durante o mês, não tem como fugir.

> **Esses dois gatilhos têm mudado a vida de muita gente e podem mudar a sua também!**

Para muita gente, vale ter dois gatilhos na forma de usar o cartão, isto é, só fazer compras no rotativo a partir de um valor X (R$ 100, por exemplo) e parcelar apenas se o valor for acima de Y (R$ 200, por exemplo), normalmente o segundo gatilho é o dobro do primeiro.

Então, você pode estar pensando, mas se o valor for menor que esses, não compraria? Sim, isso mesmo, não compra porque não tem dinheiro, não está com o valor.

E como não tem o valor disponível no débito ou em espécie, e não atinge o gatilho, você precisa se organizar e juntar o dinheiro para comprar no próximo mês.

Se mais à frente você esquecer, é porque não era importante.

Naturalmente, se for algo de urgência, use como exceção à regra, e o que recomendo considerar como urgência seria apenas algo relacionado à (ao):

- Saúde (farmácia etc.)
- Alimentação (supermercado, almoço de trabalho)
- Transporte (combustível, passagem de ônibus, metrô etc.)

Qualquer coisa diferente dessas possibilidades citadas, infelizmente, você não pode comprar, precisa ter regras, estabelecer limites, com clareza, e mudar a forma de agir, os hábitos. Com essas travas, você tem uma "mãozinha" para mudar o comportamento e não apertar a corda no pescoço.

> **Quem determina se o cartão de crédito vai ser um amigo ou vilão na sua vida é você!**

Portanto, faça escolhas inteligentes, use o cartão a seu favor. Não hesite, se a situação é extrema, tome atitudes extremas! Podendo chegar ao cancelamento do cartão, deixar em casa, guardado com alguém de sua confiança, focando usar apenas débito e espécie no dia a dia, por exemplo.

E aí vai um detalhe que muitas pessoas não sabem: você pode cancelar o cartão mesmo se ainda tiver compras parceladas a pagar nele. Uma vez cancelado, não estará disponível para novas compras e a fatura das compras já realizadas continuará chegando. Se você está com a vida financeira enrolada, não desconsidere se desfazer do cartão por um tempo e ver como as coisas acontecem.

Definitivamente, não continue agindo da mesma forma se está buscando mudanças, é hora de agir!

///////////////
"O cartão de crédito pode servir para aliviar o fluxo financeiro mensal ou para empurrar as contas para o mês seguinte de forma descontrolada e inconsequente, apenas adiando e podendo aumentar ainda mais a tal dor de cabeça."
///////////////

19

QUANDO REALMENTE VALE A PENA PEGAR UM EMPRÉSTIMO?

Diante de uma situação de aperto, muitas pessoas pensam em relação a alguns pagamentos que ficam para trás: Será que é uma boa hora de pegar empréstimo? Seria mesmo a única solução? Estou apertado, sigo pagando as minhas dívidas ou guardo um pouco para emergências?

Estas e tantas outras perguntas tiram o sono de muita gente no Brasil e no mundo afora. Aqui, trago alguns pontos de reflexão para que se tenha uma base mais sólida em relação aos próximos passos e tomada de decisão.

Fundamental entender, identificar o que realmente não está sendo possível pagar e procurar alternativas. Primeiro, reduzir despesas do seu orçamento e, se a redução não for suficiente, é necessário ir além, é de cortar despesas mesmo que falo, itens supérfluos, despesas extras e até mesmo as fixas devem ser revistas, substituídas e, a depender da necessidade, até mesmo canceladas, cortadas do orçamento como indiquei antes. Dê uma geral na casa, veja o que não é usado e pode ser vendido, pois não deixa de ser uma forma de gerar receita complementar e adiar de alguma forma o pedido de empréstimo. Repense a situação em relação a possíveis bens, carro, moto... são realmente essenciais? Ao vender um deles, você não só pode se capitalizar, como reduzir as suas despesas mensais, ganhando assim um dinheiro de "imediato" e também um fôlego no orçamento.

> **Considere essa possibilidade fortemente para a sua estratégia de virar o jogo!**

Se já tem parcela de empréstimo no seu orçamento e está pesando, vale a tentativa de renegociação, mas pense bem, aceite as condições oferecidas apenas se você realmente puder honrar, caso contrário, a sua credibilidade cai, e as condições para outros pedidos adiante podem ser piores em relação aos juros, pois você mostrou que nem sempre honra com os acordos e, por isso, o seu risco é maior, consequentemente os juros também são maiores.

Se depois disso tudo ainda há o desencaixe e você observou que as saídas/despesas ainda estão maiores que as entradas/ganhos é hora de partir para a sua reserva de emergência (isso para quem tem, ou ainda, pode fazer a venda de um bem antes de entrar nela, são escolhas). Se não tem a reserva, será necessário o apoio externo, sendo importante mapear as alternativas.

Existe a possibilidade de pegar um empréstimo com alguém da família ou algum amigo? Mas pense bem! É uma coisa que precisa ser levada muito a sério, se você não honrar, pode custar uma amizade ou abalar a relação familiar, portanto, esteja bastante seguro da sua proposta, do seu acordo, da sua decisão.

Muita gente, diante de momentos assim, limita-se a buscar crédito apenas na instituição financeira que tem conta, relacionamento, isso por não acreditar que qualquer outra teria interesse e possibilidade de oferecer algo vantajoso para quem não é cliente, mas pense bem: essa outra instituição quer novos clientes para ampliar a carteira, e sabe que, para atrair novos clientes, precisa oferecer vantagens, boas condições. **É aí que você entra, comparando em pelo menos três instituições as condições de prazo, eventual carência, taxa de juros e custo efetivo total do empréstimo**, a fim de identificar o que é mais viável para você.

> Não encare isso como perda de tempo, mas como algo necessário para você não cair numa enrascada por querer "resolver" logo a situação.

Observou? **Ao pegar um empréstimo, não basta olhar se a parcela cabe no orçamento**, o que normalmente é feito pela maior parte das pessoas que, de forma equivocada, ignoram os juros. Lembre também dos demais detalhes que indiquei anteriormente para você ficar de olhos bem abertos.

Sim, há várias modalidades de crédito, se você coloca algum **bem como garantia** pode conseguir uma taxa de juros bem melhor, porém nem sempre isso é oferecido por quem está negociando com você. Lembre dessa possibilidade e, claro, reforço mais uma vez, fique de olho nos pontos que destaquei anteriormente e procure fechar tudo de forma que não coloque em risco o bem colocado como garantia, se você tiver feito a opção por esse tipo de empréstimo.

Tem ainda o **cheque especial** (se adéqua melhor para uma necessidade de recurso com rápida reposição), que oferece um crédito fácil e rápido, por isso é extremamente caro, tem os juros bem altos, assim como o do cartão de crédito, estando entre os piores juros do país e do mundo para quem toma crédito.

Tem também o **empréstimo consignado**, "vilão" de muitos servidores públicos, que são atraídos pelos juros baixos. Digo sempre que se deve tomar muito cuidado com o consignado, pois a parcela é descontada direto na folha, ou seja, você não tem a opção que outras modalidades podem lhe dar de atrasar um pouco o pagamento, por exemplo, a fim de priorizar a manutenção de despesas essenciais para você e sua família.

Portanto, cautela, consciência e análise, para que possa tomar as melhores decisões, sem pressa, mas com segurança, para que o impulso e a vontade de resolver não terminem trazendo um desequilíbrio ainda maior ou desnecessário para a sua vida financeira.

///////////////
"Ao pegar um empréstimo, não basta olhar a parcela e se ela cabe no orçamento, o que normalmente é feito pela maior parte das pessoas que, de forma equivocada, ignoram os juros."
///////////////

A REALIDADE E OS PERIGOS DO EMPRÉSTIMO CONSIGNADO

Durante muito tempo, falei sobre empréstimo consignado nos meus atendimentos e palestras de uma forma muito natural, mas, aos poucos, percebi que as pessoas não têm clareza sobre essa modalidade. Aqui, detalharei melhor esse assunto para que você entenda como realmente funciona e se é um formato viável para você diante de alguma necessidade hoje ou no futuro. E, claro, conhecimento nunca é demais, e com o que você vai perceber melhor aqui, quem sabe orienta alguém querido num momento desafiador.

O empréstimo consignado é comum para servidores públicos e funcionários de empresas privadas, desde que o órgão ou a empresa sejam conveniados a alguma instituição financeira, que por meio dessa parceria oferece o acesso ao empréstimo consignado. Essa modalidade é muito simples. Há uma margem do seu salário que você pode ocupar com o uso desse crédito consignado, a chamada margem consignável, que é o percentual da renda que pode ser comprometido nesta operação, ou o valor máximo da renda de um trabalhador público ou privado, aposentado ou pensionista, em que o empréstimo pode ser descontado direto da folha de pagamento ou benefício do INSS.

Sendo diferente do que acontece com o empréstimo pessoal, modalidade de empréstimo feita com o banco com maior possibilidade de que as pessoas deixem de honrar com os pagamentos e, por esse risco maior, as taxas de juros são mais altas do que o consignado. Porém, por sua vez, vale o registro, o empréstimo pessoal, normalmente, tem juros bem abaixo do cheque especial.

> **Se você faz uso dessa modalidade, já deixa de receber o salário integral, o valor do empréstimo consignado é retido direto na fonte. Pelo fato de ser muito improvável que se deixe de pagar, dá acesso a uma taxa de juros muito mais baixa.**

No meio público, a taxa de juros do consignado é de fato mais atrativa. Esse acesso mais fácil e "barato" acaba fazendo com que se tome mais dinheiro emprestado e leve a categoria a uma dura estatística: mais de 50% dos servidores estão endividados.

Muitos pagam a dívida com outro empréstimo e, com isso, começa a bola de neve. Com o valor das parcelas já retido na fonte, a renda fica muito menor para custear as despesas fixas e variáveis do dia a dia.

A analogia que gosto de fazer torna fácil a percepção da realidade: imagine um orçamento apertado, este seria um copo de água bem cheio e, devido à necessidade, levanta-se um empréstimo. A parcela mensal a pagar esse empréstimo seria uma pedra de gelo. Imagine agora o copo de água bem cheio (que é o orçamento apertado) recebendo uma pedra de gelo (que é a parcela do empréstimo), o que deve acontecer com esse copo cheio ao receber mais um volume com a pedra de gelo?

> **Imagine alguém que toma um empréstimo consignado, por exemplo, de 96 meses, ou seja, 8 anos, ela não pode deixar de pagar antes de quitar. Pode antecipar se tiver essa possibilidade, com um aumento no salário, recebimento de bônus, herança, entre outras possibilidades. Mas não pode adiar ou suspender se passar por algum momento de aperto, está presa por todo esse tempo, já que o valor é retido na fonte, fica sem escolha, não tem opção.**

Pois essa é a situação que a falta de planejamento e consequente tomada de empréstimos sem ajustes leva à realidade financeira de uma pessoa.

Diferente do que acontece no empréstimo pessoal, que não recomendo, mas, de acordo com a situação, em caso extremo, pode se optar por parar o fluxo de pagamento até se organizar e retomar adiante. No consignado, você tem um acesso com juros menores, porém, não tem flexibilidade. Naturalmente, defendo que ao tomar o empréstimo, a pessoa deve se organizar para honrar, independente da modalidade, mas é fato que, apesar dos juros maiores, de acordo com a situação de quem toma o empréstimo, a possibilidade, flexibilidade no empréstimo pessoal pode ser válida em algum momento.

Em 2019, foram 138 bilhões em operações de crédito por meio dos consignados, são 35 milhões de beneficiários, desses, 23 milhões recebem um salário mínimo. Dessa forma, o trabalhador que ganha um salário mínimo e tem a margem do consignado tomada, na época, ficava com um líquido de aproximadamente R$ 700 no mês para a manutenção de vida. O uso da margem consignável no seu limite, leva a pessoa a um comprometimento da renda avassalador, imagine começar o mês com grande parte da renda comprometida?

O ideal, portanto, é que você procure ter as rédeas da sua vida financeira nas mãos. Domine o seu orçamento, procure não se comprometer com despesas fixas desnecessárias. É essencial viver dentro do padrão de vida que realmente é possível para que não precise recorrer a empréstimos e, com isso, o risco de se enrolar ainda mais.

Uma vida financeira equilibrada lhe permite gastar menos do que ganha, vivendo dentro de suas possibilidades e poupando, compondo reserva para emergências e adversidades, a fim de que, havendo necessidade, não precise pegar empréstimos, mas que possa recorrer a recursos próprios, tendo mais tranquilidade e podendo evitar problemas maiores em relação à vida financeira, que termina levando a vários outros distúrbios.

> **Conhecimento, consciência, pés no chão e equilíbrio, vamos em frente!**

"Domine o seu orçamento, procure não se comprometer com despesas fixas desnecessárias. É essencial viver dentro do padrão de vida que realmente é possível para que não precise recorrer a empréstimos."

O PASSO A PASSO PARA SAIR DAS DÍVIDAS

Vivemos num país em que a situação de endividamento realmente é bastante crítica. A estatística é alarmante, mas real: mais de 60% dos brasileiros gastam mais do que ganham. O resultado disso é a crescente no número de pessoas endividadas.

> E aqui vou trazer três passos cruciais para quem está na situação de endividamento virar o jogo.

Outra triste estatística é que, no Brasil, são mais de 63 milhões de inadimplentes, isto é, aproximadamente a população da Itália ou da Inglaterra de inadimplentes dentro do Brasil. Vale conceituar melhor: eu estou endividado e, provavelmente, você também está, isso porque eu já usei o cartão de crédito algumas vezes esse mês, o que me gerou dívidas e, se eu não pagar até o vencimento da fatura, sim, abro as portas para entrar na estatística dos inadimplentes. E, nessa pesquisa, considerou-se pessoas que têm pelo menos duas contas que já venceram há pelo menos um mês e ainda não foram pagas. Fazendo parte, então, daquela máxima de que "devo não nego, pago quando puder".

E se você está passando por isso, está enrolado, endividado — poucos têm como recorrer a terceiros para **resolver** a situação —, depende apenas de você, que é a única pessoa capaz de virar o jogo, de correr atrás, tomar atitudes para mudar de vida. Reuni aqui alguns pontos fundamentais para que você possa dar os primeiros passos.

Lembre sempre: só depende de você, das suas ações, do seu dia a dia, das suas escolhas para sair dessa situação!

1. O ponto de partida é parar de cavar o buraco. Isso mesmo: se você está no buraco, a primeira coisa que deve fazer é parar de cavar. Comumente as pessoas que se encontram em situação de endividamento, ficam mês a mês cavando ainda mais o buraco, ou seja, seguem se endividando, gastando mais do que ganham um mês após o outro. A meta é se organizar, reduzir despesas, substituir, cortar mesmo se necessário, renegociar o que for possível e procurar gerar renda extra, de forma que seja possível fechar o mês empatado ou no positivo, para que comece a formar reserva e tenha condição de negociar com os credores.

2. Um segundo ponto importante: reorganize o seu orçamento. Para isso, tenha um orçamento! Acredite: a maioria das pessoas não tem, e lá no meu Instagram você pode baixar gratuitamente uma planilha que lhe ajuda num direcionamento. Nela, estão listadas as categorias e subcategorias de despesas, e isso é bem importante, uma vez que as pessoas têm o hábito de subestimar o que gastam, e esquecer várias dessas categorias e subcategorias. É essencial entender, mapear as suas despesas fixas e variáveis, fazer alguns cortes de gastos extras, supérfluos. É tempo de austeridade, contingenciamento, luta pela retomada do controle financeiro. Muitos brasileiros chegam nessa situação de endividamento devido ao uso do cartão de crédito e das frequentes compras parceladas. Analise bem, avalie se você o faz amigo ou vilão na sua vida financeira. Há várias formas de usar o cartão de um jeito mais inteligente, coerente, e se não tiver dando certo para você, talvez o ideal seja radicalizar e realmente não ter um.

3. O próximo passo é você mudar pouco a pouco a sua mentalidade, seja positivo! Acredite e faça por onde para a situação mudar, ou seja, não basta acreditar, é necessário **AGIR**! É indispensável que você deixe de lado o pensamento negativo e procure as possibilidades, oportunidades existem, converse com as pessoas em que confia, leia, pesquise e corra atrás. Digo isso porque muitas pessoas que se encontram numa situação difícil agravam o cenário com pensamentos e pessoas negativas por perto, e com isso ficam paralisadas e muitas vezes até pioram a situação, chegam ao trabalho para baixo, de mau humor, com a produtividade em queda e o desempenho cada vez menor. Com isso, o risco de perder o emprego e a renda cair aumentam, o que pode desencadear num cenário ainda mais tenebroso.

Outra coisa que pode ajudar, é ver se você tem alguma coisa em casa que possa se desfazer, que não esteja usando no dia a dia e possa vender e, se não quiser vender, doar também lhe fará bem, pois fará o bem para o outro e ajudará a "desentulhar" as coisas em casa. Às vezes, é importante também considerar coisas que você usa e que podem contribuir, o carro é um exemplo. Numa situação extrema, pode ser uma alternativa reverter o bem em alguns meses de sustento e tranquilidade, gerando capital com a venda ou repasse dele, além de reduzir as despesas mensais que o carro traz. Tente fazer renda extra, pense em alguma habilidade, algo possível de fazer nas horas livres, sem tirar o foco do seu trabalho. Pense na possibilidade do escambo, isso mesmo, a troca, o que deu também origem ao dinheiro no passado. Certamente, tem alguma coisa que você não quer e que alguém esteja precisando, e com isso a possibilidade da troca sem despesas para vocês.

Por fim, tenha clareza das suas dívidas. Muita gente imagina um valor e quando vai para a ponta do lápis, vê que a realidade é diferente. Alguns casos para pior e outros para uma situação até melhor do que se imaginava estar. Coloque isso num papel ou no Excel, listando credores, saldo devedor, valor da parcela, juros e demais detalhes que ajudem a entender melhor a situação real. Na hora de começar a quitar as suas dívidas, elenque uma ordem e priorize pagar primeiro as que têm juros mais altos ou que o deixam constrangido, como o caso de empréstimos com algum amigo ou familiar. Tire um tempo da sua semana, do seu mês e dedique para organizar a sua vida financeira, para que pouco a pouco você tenha as rédeas nas mãos.

///////////////
"(...) poucos têm como recorrer a terceiros para resolver a situação —, depende apenas de você, que é a única pessoa capaz de virar o jogo, de correr atrás, tomar atitudes para mudar de vida."
///////////////

PARTE IV

$

DINHEIRO, VIDA A DOIS E FILHOS

O DESAFIO DA VIDA FINANCEIRA A DOIS

A verdade é que muita gente não sabe, mas uma das principais causas para o fim de relacionamentos no Brasil, e no mundo, é o dinheiro. Em alguns países fica atrás apenas da infidelidade. E não é apenas na falta dele, o dinheiro em abundância também afeta muitos relacionamentos, e por diversas razões. Vou trazer algumas dicas para que você tenha um relacionamento saudável com o seu parceiro em relação às finanças.

O primeiro ponto é que esse assunto não precisa ser um tabu entre vocês, dinheiro tem que fazer parte das conversas, esse tema deve estar no dia a dia. Falo deve estar, mas, claro, o ideal é que seja de forma natural. Se não faz parte da rotina, talvez precise entrar de outra forma e, aos poucos — pois é, leva tempo mesmo — e com as tentativas e o dia a dia, isso vem de forma mais leve, mais natural. O que não quer dizer que não se discuta mais o tema, que não será motivo de algum desentendimento, claro, isso pode acontecer, difícil mesmo seria se os dois sempre concordassem 100% com a ideia um do outro. E, como disse, com o tempo o casal vai se sentindo mais à vontade para conversar sobre a vida financeira, como fazem com outros assuntos, sem cerimônias, e as conquistas e realizações que isso traz são de grande impacto na vida a dois, para a vida da família.

Uma das dificuldades relatadas pelos casais é que, quando toca no assunto, o outro responde que "não é hora de falar de dinheiro", está cansado(a), o dia foi pesado, objeções que direcionam à fuga e ao medo, desinteresse, nada muito diferente disso. Não tem essa de hora do jornal, hora do futebol, hora de descansar, de jantar. Assim, nunca terá a hora de conversar sobre dinheiro, e não acho que precise tamanha formalidade e bloqueio, afinal, toda hora é hora, precisando, entrem no tema, com o bom senso em relação ao outro. Não precisa muita formalidade, marcar uma hora, fazer uma pauta para levar esse assunto à mesa. Assim acaba ficando realmente pesado.

Por outro lado, é mesmo importante saber a forma de tocar nesse tema, quando historicamente ele não é tão leve para o casal. Mais do que nunca, vale a sensibilidade, o *feeling*, saber escolher o momento. Não adianta forçar a barra, analise o momento e a forma que vai tocar nesse assunto, isso é essencial. Se o seu parceiro já está de cabeça quente ou um dos dois está passando por um momento difícil, talvez seja melhor deixar para depois, com o intuito de não agravar a situação.

Outro ponto importante é que vocês tenham clareza no formato que vão adotar para gerir as finanças do casal e que esse formato esteja claro para os dois. Vocês vão dividir meio a meio as despesas porque têm receitas similares? Vão dividir as despesas de forma proporcional ao que cada um ganha para ficar mais justo? Pensam em reunir o dinheiro numa conta conjunta e um dos dois administra? Um de vocês vai trabalhar e o outro vai cuidar da casa e dos filhos? Qual forma vocês têm estabelecido? Os dois estão de acordo?

> Adianto que, na minha visão, não existe uma forma certa de gerir a vida financeira a dois, existe a forma que dá certo para cada casal.

A transparência também é fundamental para ter uma vida a dois saudável em relação às finanças. Se um dos dois teve um aumento no salário, vai ganhar um prêmio ou qualquer outro tipo de acréscimo, é importante compartilhar com quem divide a vida.

Assim como, em caso de dificuldade, dívidas, financiamentos ou qualquer empréstimo em um momento de perda, é importante que esse assunto seja dividido e conversado. **Diga não à infidelidade financeira**, não são raras as histórias de quem tem cartão de crédito ou conta bancária que o outro não tem conhecimento.

> Já escutei pessoas que compravam um calçado ou uma roupa e entravam em casa com eles "camuflados", sem a sacola da loja, por exemplo, para evitar questionamentos.

Ou até mesmo chegavam em casa já usando o salto novo e, muitas vezes, o marido nem percebia. No dia que o parceiro se dava conta, imagine só o que acontecia! Ela dizia para o marido: "Não acredito! Tá vendo como você não presta atenção em mim, tenho esse salto há anos e nunca mais tinha usado..."

Não, não é fácil, e das mais diversas formas, a infidelidade financeira existe!

A última dica é que vocês se planejem e se entendam cada vez melhor como casal. Procurem estabelecer quais são os sonhos em comum e os sonhos de cada um, que também fazem parte.

> Afinal, casar não significa deixar de sonhar.

Com base nesses sonhos (vale colocar num papel ou numa planilha mesmo, registrar!), vocês podem se planejar e, naturalmente, vale priorizar os sonhos que os dois têm em comum.

Acredito nesse lema: **sonhar, planejar e realizar**. Trabalhei ele por alguns anos em palestras, eventos e como base para reflexões que, como você pode ver, uso até hoje. Se vocês **sonham**, é completamente possível **realizar**, desde que exista esse elo com o **planejamento** e, por sua vez, o planejamento não basta, **é preciso ter disciplina, poder de execução para que tudo realmente aconteça**.

Não deixe para amanhã, comece já!

/////////////////
"(...) na minha visão,
não existe uma forma certa
de gerir a vida financeira"
a dois, existe a forma que
dá certo para cada casal."
/////////////////

CRIANÇAS E EDUCAÇÃO FINANCEIRA: CONSTRUA ESSA RELAÇÃO

Venho aqui falar de uma relação que muitos acham que não existe, mas ela vai ser construída de uma forma ou de outra, queira você ou não. O dinheiro faz parte da vida das crianças, independente da idade. Costumo dizer que essa é a relação mais longa que temos na vida, de repente ela interfere no local que nascemos, na escola em que estudamos, no local em que moramos, na próxima viagem, seja internacional, nacional, ou se nem vai viajar de férias. Boa parte de nós não teve acesso e orientação sobre educação financeira durante a infância, a adolescência e até mesmo na vida adulta. Então, é importante levar essa relação para as crianças, de forma consciente no momento que for mais adequado ao longo da infância.

A mesada, por exemplo, é questionada por alguns, indicada por outros, e na minha visão, se bem utilizada, é um excelente meio de dar uma base interessante, uma ferramenta que pode ser para começar uma orientação de forma mais prática.

> Na verdade, não precisa necessariamente ser uma mesada, pode ser "semanada" ou "quinzenada", de acordo com a idade da criança e o domínio, entendimento, que ela tem em relação ao tempo.

Quanto ao valor, vai de acordo com o que a quantia vai suprir, com o seu objetivo ao querer repassar esse valor. É para o lanche da escola? Para comprar alguma coisa em alguns passeios quando estiverem juntos? Por exemplo, se a semanada é para o seu filho comprar o lanche na escola e ele gasta R$ 5 por dia, recomendo que você dê R$ 20 por semana. Você pode pensar que não vai ser suficiente. É verdade, precisaria de R$ 25, mas na vida, certamente, você não teve tudo o que quis. Dessa forma, você pode motivar o seu filho a levar um lanche de casa ou, se ele quer comprar na escola, ele teria que diminuir a média do valor diário. Com isso, a criança se depara com a situação de escolha e vai se preparando para os próximos passos que ajudarão no desenvolvimento dela. E isso também é educar financeiramente, é parte do processo!

Outra forma de educar com a mesada é em relação à antecipação. Se seu filho diz que o dinheiro que tem já não é suficiente ou acabou, e pede que antecipe algum valor, você pode fazer isso, desde que, naturalmente, desconte no próximo repasse para ele (semana, quinzena ou mês) e abata também uma pequena taxa pelo fato de ter antecipado o valor pedido. Por outro lado, se ele consegue ter sobra, você pode dar um valor a mais, um valor de impacto, 50% ou dobrar o valor que ele poupou, para que perceba o ganho de forma clara.

Isso faz com que ele compreenda que quando gasta mais do que pode e precisa de dinheiro emprestado, ele tem que pagar uma taxa chamada de juros pela antecipação, e que vai ser penalizado por ter menos recursos para o mês seguinte, já que antecipou o valor com o pedido feito. Por outro lado, se sobra dinheiro, ou seja, consegue poupar, é agraciado com o recebimento de juros.

> **E isso é educar, é educação financeira sendo construída em doses homeopáticas e que, certamente, estará dando uma base sólida para o que ele terá pela frente na vida adulta.**

As idas ao supermercado são ótimas oportunidades para orientar as crianças da forma que elas podem usar o dinheiro. Você pode estimular o uso da mesada na ida ao supermercado, fazendo com que a criança valorize o dinheiro, entendendo melhor o preço das coisas em relação ao que ela dispõe, e acho também bastante interessante estipular, entregar um valor para que ela faça as próprias escolhas nessa ida ao supermercado.

Muito provavelmente, ela não vai ter o suficiente para tudo o que quer, e, assim, vai precisar elencar as prioridades ou juntar mais dinheiro para comprar algum item na próxima ida ao supermercado, uma vez que nesta próxima ida receberá novamente um valor. Com isso, aprenderá a esperar, poupar, juntar para conseguir o que deseja. Assim como acontece na vida adulta, a ideia é colocar a criança em situações similares para que ela passe por escolhas, e isso fortalece a base, influencia o comportamento de forma mais racional, é pura construção.

Mas, naturalmente, é desafiador, e no caso das experiências no supermercado, precisam ser feitas em momentos de maior tranquilidade e suporte, vale muito a pena. Educar é incrível e desafiador, exige dedicação e paciência, e eu acredito, o resultado vem.

///////////////
"O dinheiro faz parte da vida das crianças, independente da idade. Costumo dizer que essa é a relação mais longa que temos na vida (...)"
///////////////

24

UM OLHAR ESPECIAL PARA A SAÚDE FINANCEIRA DO SEU FILHO

Filhos, desenvolvimento, rotina, desafios e, mesmo se você não está nessa, valem a leitura e a reflexão! Aqui, verá algo mais que pode ser bom para o futuro, quando passar por isso ou, se já passou, ótimo para orientar seus filhos em relação aos seus netos ou algum amigo que vive essa fase.

Cuidar da saúde tem cada vez mais um sentido amplo, saúde do corpo, saúde mental e, claro, saúde financeira também. E se essa, por sua vez, não tem uma base sólida, também impactará a vida do seu filho e até mesmo da família em algum momento. A partir daí, é necessário perceber que o envolvimento e a participação ativa, o papel, a responsabilidade dos pais, nesse sentido, são fundamentais. Destaco aqui alguns pontos que são relevantes para que se procure criar filhos financeiramente saudáveis:

- **Ensine a não desperdiçar dinheiro e entender se um produto é caro ou barato**

    O desperdício é prejudicial e, muitas vezes, ele não é feito no dinheiro propriamente dito, mas pela compra de itens em excesso, que terminam estragando. Alimentos, por exemplo, roupas que não são usadas ou brinquedos de forma exagerada. Entender a relação entre o caro e o barato é também relevante para essa formação.

- **Diferencie bem os desejos das necessidades**

    O querer e o precisar devem ser bem diferenciados. Perceber com clareza a diferença entre o que eu quero/desejo e o que eu preciso/necessito ajuda a construir uma base sólida para as escolhas que serão feitas ao longo da vida.

- **Deixe a criança gerir a própria mesada e aprender com os erros e acertos**

    A liberdade das escolhas, o uso do dinheiro e a sensação de independência abrem espaço para os caminhos do dia a dia, para os erros e para os acertos, claro, de forma dosada, acompanhada, mas não um domínio com rédeas curtas por parte dos pais. O instrumento da mesada, "quinzenada" ou "semanada", quando bem aplicado, pode funcionar de forma bastante educativa.

- **Aos poucos, inclua seu filho na definição das prioridades do orçamento doméstico**

    Se você parar e pensar, muito daquilo que envolve a rotina e define as despesas da casa tem relação com os filhos: o tamanho da casa, o transporte, o local das férias, as despesas com escola e educação, as rotinas de lazer. Como tal, nada mais justo do que envolver seu filho nessa dinâmica, a fim de que ele perceba melhor como tem um papel importante na família, que os demais membros também são importantes e que vale definir os detalhes juntos. Isso pode começar pouco a pouco e ampliar de acordo com a evolução das coisas. O processo de escolha, das definições, também o envolverá na percepção dessa rotina, da programação, da necessidade de planejamento e orçamento.

- **Estimule o hábito de poupar**

    Isso pode ser de forma gradativa, a importância de poupar, de guardar dinheiro para realizar determinados objetivos e de perceber que, aos poucos, o pouco vira muito e possibilita conquistar algo que antes não se imaginava ser possível. Mostrar isso por meio de metáforas, incluir na rotina bons jogos que ilustrem essa possibilidade, ler alguns livros que trazem também essa realidade de forma lúdica ajudam a construir uma base sólida.

Perceba, então, que a participação dos responsáveis é essencial, claro, ótimo se na escola tiver a disciplina de **Educação Financeira** ou se, de alguma forma, o assunto estiver sendo explorado, ajuda bastante na construção. Entender que o exemplo arrasta não é clichê e que o tal do **"faça o que eu digo, mas não faça o que eu faço"** não funciona, absolutamente!

Então, cuide também da sua saúde financeira para que você esteja apto a cuidar dos "pequenos" nesse sentido. Lembre-se da frase famosa antes de cada voo, que nos reforça, antes de tudo, que "você deve colocar a máscara primeiro em você".

> "Cuidar da saúde tem cada vez mais um sentido amplo, saúde do corpo, saúde mental e, claro, saúde financeira também. E se essa, por sua vez, não tem uma base sólida, também impactará a vida do seu filho e até mesmo da família em algum momento."

PARTE V

$

COMPORTAMENTO, ESCOLHAS E ATITUDES

AS SUAS ESCOLHAS PAVIMENTAM O SEU CAMINHO E AS SUAS CONQUISTAS

E o tempo, como sabemos, não para. A vida é uma colcha de retalhos, de momentos e experiências. Mas uma coisa é certa: as suas **escolhas** seguem fazendo grande diferença. Claro, não só na vida financeira, mas no todo, nem sempre é fácil "escolher" as brigas e os problemas em que você quer entrar ou não. O impulso, a cabeça, o dia, o momento, tudo influencia na decisão, mesmo que no fundo se tenha o conhecimento de que em muitas coisas vale relevar, respirar e retornar depois. Dessa forma, temos uma série de fatores que influenciam no nosso comportamento e, naturalmente, nas escolhas que fazemos, e estas, por sua vez, impactam de forma direta na nossa vida financeira. As nossas escolhas contribuem com o que estamos decidindo não só para o hoje, mas também para o nosso futuro.

> Escolhas mais coerentes com a sua realidade lhe darão mais tranquilidade e segurança. Austeridade vem de austero, que indica algo sem excessos nem luxúria, simples. Não é uma regra, mas há períodos em que a austeridade ajuda, é necessária, até para que se possa equilibrar as coisas e, com isso, poupar para realizar sonhos.

E tudo isso é determinado pela forma como você vem encarando o seu dia a dia e as escolhas que faz. Aqui, falo das escolhas comportamentais que influenciam no seu humor, e que podem levá-lo a agir por impulso também no campo financeiro em relação às compras, às novas despesas. Afinal, não é preciso sair de casa para isso, bem sabemos a força e penetração do marketing em nossas vidas, pela tela do celular e sinais da internet, em que basta um aplicativo com o cartão de crédito cadastrado e um impulso para pedir uma refeição, fazer uma compra com frete grátis ou aparente desconto anunciado.

Sim, são as escolhas e a tranquilidade para tal que nos faz ser seletivo, e não só hoje, mas, em momentos de fragilidade, há pessoas que se tornam mais suscetíveis, portanto, é válido apagar, por exemplo, os aplicativos que podem ser uma tentação com notificações insistentes nos horários e formatos estudados para atingir o que buscam de você.

Procurar manter o ambiente e a mente o mais tranquila possível para tomar decisões sem influências maiores é bastante razoável. Isso serve para a nossa vida, pois agir por impulso, sob efeito de pressões e sentimentos que alteram o seu poder de análise e seletividade, tem tudo para ser bem prejudicial, alterando o poder de suas melhores escolhas e o levando a consumir algo que não está alinhado com os seus valores ou plano de vida. Agindo assim, gasta-se mais, mais energia, mais dinheiro e a pessoa se distancia do que realmente gostaria de vivenciar.

Claro, tudo isso é aprendizado, parece filosófico, mas entender que o dinheiro não está apenas no banco ou na carteira é parte do processo, entender a **psicologia do dinheiro** e a influência que o seu comportamento tem em sua vida financeira, isso é construção, crescimento.

É importante perceber o dinheiro como um meio de alcançar o que buscamos, a realização e o sorriso no rosto vêm como consequência das nossas escolhas, de diferentes conquistas e situações do dia a dia.

A felicidade, sim, deve estar no caminho, como diz o trecho da música *Era uma vez*, de Kell Smith:

> "Pra não perder a magia de acreditar na felicidade real. E entender que ela mora no caminho e não no final."

///////////////

"(...) agir por impulso, sob efeito de pressões e sentimentos que alteram o seu poder de análise e seletividade, tem tudo para ser bem prejudicial, alterando o poder de suas melhores escolhas e o levando a consumir algo que não está alinhado com os seus valores ou plano de vida."

///////////////

PEQUENAS ATITUDES, GRANDES CONQUISTAS, DEPENDE DE VOCÊ!

Isso é o que vejo frequentemente: os pequenos cuidados com a saúde, com a alimentação, com a mente, com o corpo, o bem-estar, pequenas atitudes do dia a dia que têm um grande poder. Mas podemos levar o cuidado e a responsabilidade necessária para outros pontos de nossa vida também.

É importante estarmos sempre atentos às oportunidades de poupar no dia a dia. Mas, com uma rotina corrida, por vezes, deixamos escapar algumas chances de economizar e nos deixamos levar pelas "facilidades" que nos deparamos e pelo impulso em situações corriqueiras.

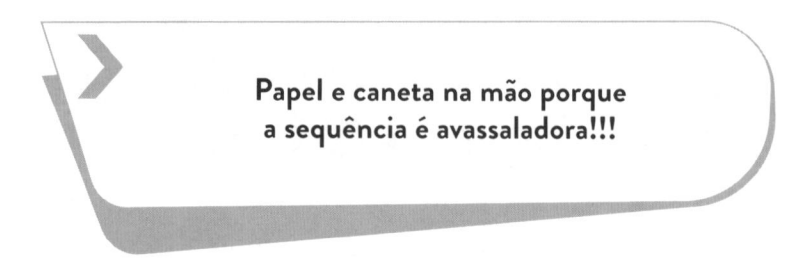

> **Papel e caneta na mão porque a sequência é avassaladora!!!**

Por isso, listei algumas dicas preciosas para que você não ignore essas oportunidades. Para abrir, lembro um ponto que inclusive falei anteriormente, pois vejo que a maioria das pessoas não se dá conta, que é em relação ao valor pago pela assinatura da Netflix. Em muitos casos, é possível fazer uma boa redução.

Em situações como essa, a reflexão não é apenas focar os números, o preço, mas ter uma mudança de mentalidade financeira, para que você passe a ter a criticidade de observar o que realmente precisa e, assim, contratar o pacote mais adequado para o seu dia a dia.

> É a mentalidade, a percepção, o comportamento. Se você abraça isso, leva não só para a **Netflix** (que aqui serviu apenas como exemplo), mas para várias outras situações do dia a dia.

Outra coisa que ainda é comum ver pessoas que pagam caro é a tarifa mensal do plano de celular. Muitas vezes, isso acontece por falta de conhecimento do plano contratado. Primeiro, informe-se bem em relação ao que o seu plano lhe oferece. Tem limite de minutos para ligações? Cobra deslocamento se você estiver em outro estado e usar o telefone? Qual o pacote de dados, isto é, quantos gigas para acesso à internet você tem direito?

Com base nisso, analise o seu consumo, se você realmente usa tudo o que tem direito ou muito menos. Pesquise na sua operadora o plano que mais se adéqua a sua real necessidade, procure saber o plano que seus amigos de trabalho ou familiares estão usando e se estão satisfeitos. Provavelmente, você vai encontrar quem tem os mesmos serviços, ou até melhores que os seus, e está pagando menos. Então, tente negociar na sua operadora, indicando as condições que alguém tem e que atendem a sua necessidade, e se não tiver êxito, hoje em dia, a portabilidade é uma coisa simples, fácil e rápida, diferente dos "primórdios", em que se mudasse de operadora, precisava mudar o número, o que ninguém deseja.

O mesmo se repete para combo de TV a cabo, internet e telefone fixo. Use a mesma lógica e passo a passo que indiquei anteriormente, identifique o seu plano, o que ele lhe dá direito, observe se de fato usa/precisa de tudo o que é oferecido, procure saber as condições da concorrência, negocie, ajuste, corra atrás, não custa lembrar: ninguém pode fazer isso por você!

> E você pode estar aí pensando: "Mas é muito chato ligar para as operadoras e esperar para negociar, hein?" Digo que não é nada agradável mesmo, mas não me dou por vencido, é uma ligação por ano, pois sempre fecho o acordo por este período, e com isso durmo tranquilo, sabendo que faço o que está ao meu alcance.

Vamos a outro ponto. Se o seu trabalho não exige muito tempo externo, você trabalha num lugar fixo e com alguma estrutura, isso lhe permite levar almoço. E não precisa ser todo dia, mas alguns dias que você puder levar o almoço de casa fará uma bela economia. Reforço que não precisa ser todos os dias, mas se você fixa pelo menos dois ou três dias para isso, já é uma quantia relevante poupada quando somada durante um mês e ao longo de um ano. Se você está numa fase de poupar para uma viagem de férias, um feriado adiante ou qualquer outro objetivo, tem uma motivação, então, por que não levar esse almoço de casa, hein? Por que não ajustar, adequar o seu orçamento, teto de gasto do almoço a cada dia a fim de poupar e, com isso, ter fôlego financeiro para outros objetivos? Estabeleça um teto para gastos com almoço de trabalho, isso é importante!

Outro ponto que destaco é para que você negocie as suas compras. Não existe regra que loja de shopping não pode dar desconto ou que a loja A, B ou C, pelo nível ou local em que está, não facilite a forma de pagamento. Então, procure saber se no PIX ou no débito melhora a condição, se pagando em espécie teria um desconto legal.

> Mais uma vez, não é apenas pelo preço, mas pela percepção de que pequenos ganhos podem lhe proporcionar a realização de grandes objetivos. Isso é construído no dia a dia, e com uma nova forma de encarar esse pacote de dicas, é adotar na rotina e perceber que o comportamento muda e o orçamento respira melhor.

Outros pontos são interessantes e reais, totalmente possíveis de adequação e redução. Tal como a anuidade do cartão de crédito que, para a maioria das pessoas, não faz sentido pagar, pois o acesso ao crédito dado por um cartão sem anuidade já atende a sua real necessidade. Vejo repetidamente pessoas que pagam anuidade, e com isso têm acesso a benefícios do cartão e milhas que nunca usam.

Ressalto aqui que não sou contra milhas e benefícios, porém se não há gestão e uso delas, perde o sentido. Trago também a reflexão quanto à tarifa do pacote de serviços para manutenção da sua conta no banco. A maior parte das pessoas paga e nem sequer percebe isso, e muitas vezes paga por mais serviços do que precisa. Isso pode ser adequado, pagando uma tarifa menor, tendo um pacote que oferece algo mais próximo da real necessidade. Hoje em dia, então, para maior parte das pessoas, o pacote de serviços essenciais já atende muito bem, ele tem custo zero e é um direito que nos assiste, segundo a Resolução nº 3.919 do Banco Central, que inclusive não diferencia tal direito por segmento do banco, o que inclui os de alta renda, as linhas mais diferenciadas que são oferecidas pelos grandes bancos do país. Mas a verdade é que nem mesmo as agências de varejo facilitam a adesão a este pacote, mas caso você não consiga na sua agência, com o seu gerente, e queira correr atrás, pode abrir uma reclamação na ouvidoria do Banco Central por telefone ou pelo site.

Segundo pesquisa do Guia Bolso (2020), a média de despesas do brasileiro para manter cartão de crédito, conta bancária e TED/DOCs é de R$ 700, e que 99% dos brasileiros não usam de fato os serviços que constam nos pacotes.

Corra atrás. Certa vez conseguimos uma grande redução num serviço específico da minha empresa, em que após alguns contatos por e-mail, foi agendada uma ligação e tive a orientação da pessoa para alguns procedimentos no sistema que me permitiram um desconto de 72% no serviço por um período de dois anos. É preciso dedicar tempo, correr atrás e as coisas acontecem, não tem fórmula mágica.

Por fim, fica a dica e a possibilidade real de valorizar mais as possibilidades que a sua cidade oferece, optar também por passeios e pelo lazer ao ar livre. Independente se você mora no litoral ou numa cidade em que não há praia, sempre há praças, parques e locais que proporcionam o contato com a natureza, que oferecem boas programações.

Use a criatividade para fazer melhor uso desses espaços e tire o foco de centros comerciais, de ambientes fechados e das passarelas de consumo que nos levam ao impulso e a um ritmo frenético de cores e estímulos. Valorize a essência daquilo que está alinhado com o que você mais valoriza.

A nossa construção financeira é feita no dia a dia, entre planejamento, economia, formação de reserva e bons investimentos. Sempre temos oportunidades de poupar. Às vezes, estão a um palmo do nosso nariz, mas não percebemos, com isso, estamos rasgando dinheiro e pagando mais do que deveria por um produto ou serviço que poderia custar menos, sem comprometer a qualidade desejada.

"A nossa construção financeira é feita no dia a dia, entre planejamento, economia, formação de reserva e bons investimentos."

O QUE PODE TIRAR VOCÊ DO TRILHO DE UMA VIDA FINANCEIRA MAIS TRANQUILA

Aqui, trago para você cinco atitudes que podem desviá-lo da prosperidade financeira. É preciso estar atento para afastá-las de uma vez por todas da sua vida. É impressionante como o que baliza as nossas conquistas, a nossa vida financeira, são as nossas atitudes, as nossas escolhas, por isso reflita com atenção e coração aberto.

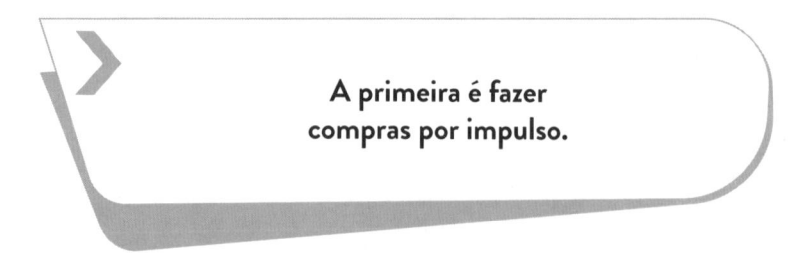

> **A primeira é fazer compras por impulso.**

Muitos de nós já passamos por uma situação como entrar numa loja de roupas, por exemplo, olhar algumas peças, experimentar outras e, por impulso, levar alguma(s) de que não precisamos.

Por impulso também, muitos terminam comprando ao se deparar com aquele corredor cheio de produtos, na fila do caixa, que são comuns em supermercados ou lojas âncora. Aquela seção com os itens que são levados de última hora, no apagar das luzes, chama-se justamente "impulso".

> **A segunda atitude que leva muita gente a se perder é o parcelamento excessivo.**

Muitas pessoas já têm o hábito de comprar tudo parcelado. Passou o cartão, a pessoa do caixa pergunta se quer parcelar sem juros e a resposta já sai no automático para que divida no máximo possível.

Lembro bem de um cliente que fazia muitas compras parceladas em 24 vezes, e fiquei tanto preocupado quanto curioso com aquela situação. Ele explicou que, ao chegar ao caixa, acontecia exatamente o que indiquei no parágrafo anterior, o ponto é que, nesse local específico, ele tinha essa possibilidade de parcelar em 24 vezes e, com isso, tinha várias compras com parcelas pequenas a serem pagas ao longo de dois anos. Algo pouco pensado e no automático, e que, acreditem, tantas e tantas outras pessoas fazem de forma parecida.

Juntando uma pequena parcela daqui e outra dali compromete muito do que você vai receber adiante, já pendura parte do orçamento. É comum encontrar pessoas com alto nível de comprometimento devido às compras parceladas, e muitas nem se davam conta disso.

Um outro caso interessante é o de Adriana, cliente que recebia R$ 20.000/mês e que, ao fazer o orçamento, viu que tinha expectativa de gastos para o mês seguinte de aproximadamente R$ 14.000. Excelente! Afinal, tinha o potencial de poupar cerca de 30% do que ganhava. Porém, ao listar as parceladas, veio a surpresa, a soma delas passava de R$ 7.000. Desta forma, as despesas previstas para o mês seguinte já estavam estouradas, totalizando R$ 21.000, portanto R$ 1.000 a mais do que a receita, ou seja, uma previsão de furo no orçamento logo na largada, de aproximadamente 5%.

Não sou contra o parcelamento, mas vejo que nem sempre ele é usado de forma inteligente. Não tem problema se for feito de forma pensada, mas, quando não é, torna-se um caminho rápido para o alto comprometimento da renda ou até mesmo o endividamento.

> **A terceira atitude que trago é ter apenas uma fonte de renda.**

O ideal é buscar mais de uma para não depender apenas do seu emprego. A pessoa que se possui apenas uma fonte de renda pode se tornar mais limitada. Busque por algo mais que lhe dê prazer, que de alguma forma você consiga encaixar na sua rotina mensal e que lhe gere renda. Muitos dirão que é impossível, que não têm como, não têm tempo e terminam se rendendo ao que no futuro podem perceber que poderia ter sido feito de uma forma diferente.

Conheço muitas pessoas que estruturaram novas possibilidades e, aos poucos, estas se tornaram novos negócios e, com isso, passaram a ter novas fontes de renda, ou até mesmo a ter essa tal possibilidade como a principal. Com isso, vêm crescendo e pavimentando caminhos interessantes no campo pessoal e profissional.

Outro ponto é em relação ao status, e a **quarta atitude tem a intenção de blindá-lo em relação a ele.** Reflita bem e, se possível, fuja do que pode levá-lo por esse caminho, a corrida pelo status também é potencial para afastá-lo da prosperidade. Trago aqui uma boa definição nesse sentido:

> "**STATUS** é você comprar aquilo que não quer, com o dinheiro que não tem, para mostrar para gente que não gosta, e muitas vezes nem conhece, uma pessoa que você não é."

Para finalizar, **a quinta atitude que percebo deixar muita gente numa situação difícil é a de terceirizar a responsabilidade quanto à vida financeira.**

Colocando a "culpa" no governo, na crise, no desemprego, nos impostos, no chefe, no salário baixo, na despesa alta, na pandemia, sempre tem uma desculpa, um culpado, alguma coisa ou alguém atrapalhando, e aí já viu...

Respire... Traga a responsabilidade para si, bata no peito e assuma que ninguém é mais capaz de mudar a sua vida do que você mesmo, e procure assumir não só a responsabilidade, mas o controle da situação. Corra atrás! Sei que é desafiador, mas também transformador para quem pensa assim, mudar a forma de encarar os fatos.

///////////////
"Traga a responsabilidade para si, bata no peito e assuma que ninguém é mais capaz de mudar a sua vida do que você mesmo (...)"
///////////////

SETE HÁBITOS QUE O AJUDAM A POUPAR

Como você já sabe, vivemos num país em que mais da metade da população gasta mais do que ganha, ou seja, menos da metade dos brasileiros conseguem poupar, isso é um desafio. Abrir mão do consumo imediato para planejar e realizar conquistas num prazo maior é algo considerado por poucas pessoas, o imediatismo bate forte, e muitas decisões são tomadas com forte influência dele.

O que poucos realmente se dão conta é que poupar é algo que pode ser perfeitamente trabalhado, incorporado e, independente do perfil da pessoa, ela consegue passar a poupar ou, se já poupa, potencializar isso!

Mas de que maneira trabalhar essa atitude e finalmente começar a poupar? Adotar novos hábitos é uma ótima alternativa e o caminho para plantar e colher bons frutos.

Por meio de ações diárias, semanais e mensais, você vai conseguir um controle bem maior da sua vida financeira e, consequentemente, vai conseguir também refletir melhor diante de determinadas situações, fazer escolhas mais condizentes com suas realidade e necessidade, e com isso economizar e se direcionar para a realização dos seus planos.

Uma vida financeira bem organizada é a verdadeira ponte para a realização dos seus sonhos. Aqui, trago para você alguns hábitos simples para incorporar no seu dia a dia e que ajudam nesse processo:

1. **Use o cartão de crédito de forma consciente**

    É claro que o cartão de crédito tem benefícios, vantagens e, em algumas situações, usá-lo é até necessário e inteligente, porém aí chegamos ao ponto: usar o cartão de forma consciente e inteligente, coerente, evitando o excesso. A verdade é que muitos não sabem fazer nada disso. O mais indicado para muitas pessoas é usar o cartão apenas para compras essenciais, quando já não tiver dinheiro para pagar à vista. Não sou contra o cartão de crédito, muito pelo contrário, mas, como disse aqui antes, com o tempo vi que boa parte das pessoas que se encontra endividada tem um cartão de crédito mal usado no meio, e a atitude desse primeiro ponto é fundamental para estar bem.

2. **Não parcele à toa**

    Vejo no meu dia a dia de consultoria e mentoria individual e para casais, pessoas que estão com o orçamento totalmente comprometido devido ao excesso de compras parceladas. Citei alguns casos anteriormente que ilustram bem essa realidade. A verdade é que os pequenos valores, somados, pesam bastante quando a fatura fecha. O problema é que quem tem o hábito de parcelar, dificilmente tem a dimensão disso. As compras parceladas podem ser feitas, porém de forma estratégica. Algumas coisas mais caras como uma passagem aérea, uma geladeira, uma TV, entre outros, podem ser parcelados para aliviar o fluxo mensal e não pesar no mês.

3. **Acompanhe a fatura do seu cartão e o extrato da conta durante o mês**

    Fique de olho na parcial do seu cartão de crédito e no extrato de sua conta bancária durante o mês, isso pode ser feito de forma semanal ou a cada dez dias. Isso o deixará com as rédeas nas mãos e, naturalmente, mais controle de suas contas.

    Gosto muito da analogia que você deve tratar o cartão de crédito e a conta bancária como a sua casa, que certamente você não deixa ninguém entrar ou sair a qualquer hora. Você precisa saber o que entra e sai da sua conta, da fatura do seu cartão, analisar, filtrar, pensar isso desde o momento inicial e assim evitar surpresas desagradáveis.

Praticamente todos os bancos dispõem de ferramentas para que seja simples e rápido o acesso às contas e às faturas, por meio do aplicativo, sistema de avisos por SMS (atenção às taxas geralmente cobradas pelo serviço), sendo possível, assim, manter um maior controle e uma maior percepção dos gastos.

4. **Evite comprar por impulso**

Sim, vale reforçar a questão do impulso, ampliando a abordagem. Por diversas razões, isso acontece e impacta muito as finanças. Vitrines bonitas e chamativas, descontos "imperdíveis", ofertas de parcelamento, "juros zero", as tantas promoções que sempre surgem ao longo do ano, no fim de novembro tem a *Black Friday*, depois vem o Natal.

Tudo isso é tentador, não é mesmo? O sentimento de não poder esperar, deixar para depois diante de umas ofertas como estas, pode colocar o seu progresso em risco. Mas é possível manobrar, de forma a vencer o desejo pelos supérfluos, e, como disse antes, ter mais clareza e focar as suas necessidades e prioridades, pense nisso!

Pese todos os pontos da compra. Escreva em um caderno ou no bloco de notas do celular quanto vai custar ou mesmo reflita, converta isso em horas ou turnos de trabalho para ter aquilo. Se você realmente **precisa** do item, passe por um período de análise, adie a compra para o dia seguinte, muito provavelmente você mudará de ideia ou mesmo estará mais seguro da compra.

5. **Pesquise antes de comprar**

Não apenas em compras de alto valor, como carros, viagens e eletrônicos. Produtos mais baratos também devem fazer parte de suas pesquisas. É muito comum que os preços variem de acordo com a loja, seja no grande supermercado ou no mercadinho da esquina, então vale o esforço.

Compare preços, qualidade e o custo-benefício dos produtos que está à procura. Naturalmente, considere comprar online se for possível. Com todas essas informações em mãos, você poderá tomar a melhor decisão de compra. Claro, aqui não estou sugerindo que isso seja feito com todos os itens, mas, para alguns de valor mais relevantes, faz muito sentido.

Não esqueça que o desenvolvimento dos novos hábitos depende apenas de você. Incluindo-os na sua vida, com dedicação, você consegue transformar a gestão de suas finanças em uma rotina positiva e saudável para o seu dia a dia.

6. **Não despreze os pequenos valores do dia a dia, eles podem se multiplicar**

    Tem uma frase de que gosto muito que diz: **"Pequenos buracos afundam grandes navios."** E podem afundar o orçamento de muita gente também. Fique atento a isso!

7. **Procure manter uma reserva de emergência, o conhecido fundo de reserva**

    Como exploramos antes de forma mais detalhada e você já está familiarizado, essa quantia seria o equivalente a seis a doze meses de suas despesas mensais, e pode variar de acordo com o seu perfil. Essa reserva é construída para dar mais força e equilíbrio, saúde financeira a sua vida, por isso não ignore jamais esse item, e se ainda não tem a reserva, já sabe o que fazer. Se quer relembrar os detalhes, vale reler o que eu já trouxe aqui com o foco direto na reserva de emergência.

> Consistência, recorrência, atitude, ação, para cima!

"Uma vida financeira bem organizada é a verdadeira ponte para a realização dos seus sonhos."

CONSISTÊNCIA, RECORRÊNCIA, LONGO PRAZO E PACIÊNCIA!

Essas palavras passaram algumas semanas na minha cabeça, mas ainda não era da forma ordenada e que me possibilitasse estruturar algo agregador com elas, mas, aos poucos, consegui organizar as ideias, a sequência, os pilares do que pouco a pouco se transformaram. Gosto de construir, destrinchar, facilitar e entregar mastigado o que vem desse universo financeiro, já que o padrão parece ser o contrário, falar mais difícil, usar jargões, abusar do "economês" e de uma abordagem que, no fim, dificulta a interpretação e o entendimento da pessoa que não vive nada disso no dia a dia.

Dessa forma, naturalmente, muitos terminam se distanciando do mundo dos investimentos, do mercado financeiro e tudo parece mesmo bem distante, irreal, surreal, e não... não precisa ser assim, absolutamente!

Por isso, no título, trago palavras simples, de fácil interpretação e que nos ajudarão a entender o que é necessário e como agir em duas situações diferentes que a vida pode nos apresentar em relação ao lado financeiro.

Então: **consistência, recorrência, longo prazo e paciência**... quem se arrisca?

Em quais cenários essas "palavras" devem contribuir?

E foi isso que percebi, constrói, agrega e faz sentido para quem busca a recuperação e reestruturação financeira, tanto quanto também faz sentido essa sequência para quem está com a vida financeira organizada, mas quer resultado, rentabilidade e anda pensando em ter uma vida mais tranquila adiante, para quem está na fase de construção de patrimônio.

Para qualquer um dos cenários citados, essa ordem faz sentido e são pilares fortes para que se avance da melhor forma possível.

É necessário entender que, para chegar lá (partindo de um cenário ou de outro), você precisa ser consistente no que está fazendo, na construção, na plantação. Não é fazer um mês e no outro parar, depois retomar, de forma alguma. Precisa firmeza, consistência para fazer de forma que proporcione um ambiente fértil para a colheita, resultados quanto ao que busca.

> **Claro, ter a recorrência de repetir o processo em busca desse resultado mês a mês, de forma constante, repetidamente, aproxima-o do hábito, da percepção do que deve ser parte da rotina, agir assim de forma consistente e recorrente.**

Daí, então, é ter a percepção de que, em geral, para a recuperação de uma situação financeira mais extrema, desafiadora ou para alcançar um patrimônio mais sólido e que traga mais tranquilidade adiante, é necessário um longo prazo. Portanto, olhar para frente, pensar e agir visualizando um prazo maior para a construção, seguir firme e de forma consistente, recorrente por um prazo efetivamente longo.

Para tal, é necessário ter paciência, muita, e encarar com naturalidade o desânimo. Se em algum momento ele aparecer, faz parte, por isso a paciência e a compreensão de que a construção do resultado leva bastante tempo é fundamental nesse processo.

Repito: para virar o jogo da vida financeira ou para construir pensando no longo prazo, escreva num lugar que o deixe ciente, que o faça lembrar sempre que é necessário:

- Consistência
- Recorrência
- Longo Prazo
- Paciência

Seguimos avançando!

///////////////
"(...) muitos terminam se distanciando do mundo dos investimentos, do mercado financeiro e tudo parece mesmo bem distante, irreal, surreal, e não... não precisa ser assim, absolutamente!"
///////////////

CONSUMO × TEMPO × DINHEIRO

Trago uma reflexão de que gosto bastante sobre **consumo × tempo × dinheiro**. E como vale ter clareza disso na sua vida como base para as suas prioridades e necessidades. Até que ponto estamos prontos para encarar isso de uma forma mais lógica e realista?

Na verdade, vejo por aí as pessoas falarem bastante sobre consumo, muito sobre tempo e bem menos sobre dinheiro. Claro, isso pode variar um pouco de acordo com a "bolha" em que você vive. No meu caso, sim, dinheiro é sempre algo bastante falado, certamente por viver no universo financeiro, e posso dizer que consumo e tempo também, porém em outras conotações.

Mas e você? Analise a sua realidade, as suas prioridades e as suas necessidades. Percebeu duas palavras interessantes na última frase? Prioridades e necessidades. Vejo essas duas palavras com definições de grande impacto e base sólida para nos apoiar em nossas tomadas de decisão. A relevância de ter a clareza do sentido delas de acordo com o momento em que vivemos, a percepção quanto às nossas prioridades e às nossas necessidades, isso evidencia muita coisa, vale pensar um pouco a respeito, sem deixar de lado os seus valores.

> Diria mais até, vale refletir sobre as suas necessidades e prioridades quando estiver vivendo um processo de tomada de decisão para determinada compra e, até mesmo, claro, para uma decisão que não tenha o viés financeiro de forma direta.

Mergulhamos, então, num trecho de uma fala do uruguaio Pepe Mujica, ex-presidente do país e que tem uma singularidade que admiro na forma de agir e pensar:

> "Inventamos uma montanha de consumo supérfluo, compra-se e descarta-se. E o que estamos gastando é tempo de vida. Porque quando eu compro algo, ou você, não compramos com dinheiro, mas com o tempo de vida que tivemos que gastar para ganhar esse dinheiro. Mas com uma diferença, a única coisa que não se pode comprar é a vida, a vida se gasta..."

Você já parou para pensar dessa forma? A partir desse ponto de vista? É de fato bem diferente do que o dia a dia nos traz, capaz de nos provocar em relação a essa tríade: **consumo, tempo e dinheiro**. O presente nos leva ao consumo, sem motivar um olhar realista, mais pragmático em relação ao futuro. Necessidades constantemente criadas, precisamos ter, precisamos comprar, é a última oportunidade, você nunca vai ver nada igual... gatilhos para mexer com a pessoa, e em muitos casos a fragilidade e insegurança terminam não fazendo com que haja uma análise mais racional dos fatos. Isso termina por levar a compras por impulso, ao uso do cartão de crédito de forma descontrolada e esse mix, para muitos, é o caminho para o descontrole financeiro e suas consequências na vida pessoal, familiar e profissional.

Por isso, convido-o a refletir, perceber melhor o que você leu aqui, indicar a leitura para quem vive com você no dia a dia, a fim de que possam alinhar o pensamento e, para isso, falar sobre o tema é apertar o botão de "start". O primeiro papo pode até não ser bem do jeito de que gostaria, mas a semente foi plantada, não tenha dúvidas.

Convido-o a dimensionar, a calcular mesmo o valor da sua hora de trabalho, para que possa tê-la como base para certas decisões de consumo no dia a dia, baseado em quantas horas você precisará trabalhar para ganhar o dinheiro que o possibilitará fazer tal compra. E, de acordo com isso, pensar se realmente vale a pena, se está de acordo com suas necessidades e prioridades.

Vida que segue!

> "O presente nos leva ao consumo, sem motivar um olhar realista, mais pragmático em relação ao futuro. Necessidades constantemente criadas, precisamos ter, precisamos comprar, é a última oportunidade, você nunca vai ver nada igual..."

ISSO É O QUE MOVE O SER HUMANO

Mesmo que muitos não admitam — pois existem aqueles que têm medo de fracassar e por isso não expõem certas barreiras que estão na luta para vencer —, no íntimo, é isto que move o ser humano: os desafios.

Isso mesmo, os desafios nos movem, nos instigam e nos fazem ir além, por isso, quando se pensa em poupar, não pode ser diferente, vale se impor um desafio, uma meta, um objetivo que o faça acordar e dormir motivado, obstinado por aquilo que deseja alcançar. Posso lhe dizer que sou bem assim, daqueles do tipo "missão dada é missão cumprida", lembro de um episódio que ilustra bem isso e partilho aqui com você.

Em 2010, eu estava na Bolívia (que foi o 5º dos 8 países em que morei fora do Brasil) trabalhando na construção civil, como Gerente Administrativo de uma grande e desafiadora obra que ligava Potosí a Uyuni. Era comum a paralisação devido à falta de diesel, insumo essencial para obras de estrada, construção civil pesada, e aquilo gerava uma série de incômodos, atrasos e desgastes em diversos sentidos. Alguns meses depois da minha chegada, percebendo aquela situação, e ao saber que segundo os mais antigos diziam, sempre foi assim e que já se havia tentado de tudo para conseguir uma licença que permitisse uma compra maior de diesel, porém, sem sucesso, eu não aguentei. Vi ali um grande desafio e que até então não tinha solução. Conversei com o diretor da empresa no país, colocando-me à disposição para me ausentar da obra e só voltar com a licença embaixo do braço, contanto que alguém assumisse minhas rotinas a fim de evitar problemas quando retornasse.

A missão era nobre e foi aceita. Parti inicialmente para Santa Cruz de la Sierra e, depois de alguns dias lá, fui para La Paz. Nessas cidades, mapeei todo o processo, a documentação necessária, cada departamento do governo que analisaria, quais ministérios precisariam autorizar, as pessoas de cada um desses locais que estariam envolvidas, o fluxo e o prazo que tudo deveria passar. Reuni a documentação e a cada departamento ou ministério que a documentação estava, eu já entrava em contato com a pessoa responsável para me aproximar, demonstrar interesse, saber o prazo, se estava tudo ok e para quem seguiria o trâmite a partir dali. Isso fez com que a situação andasse e em algo entre 10 e 15 dias voltei para Potosí com a licença necessária, dada com folga em relação à quantidade de litros de que precisávamos, de forma que nunca mais a obra parou por essa razão.

Ok, tomei algumas linhas para resumir bem essa história e mostrar que, nas mais diversas situações, somos movidos por desafios, alguns mais outros menos, e eu poderia trazer mais dezenas e dezenas de situações que vivi no Brasil e mundo afora, na vida pessoal e profissional, movido por desafios.

E agora eu lhe pergunto: você se sentiria desafiado, motivado a poupar e correr atrás para fazer acontecer, para realizar algo grande em sua vida? E se esse objetivo tiver ligado a economizar, poupar para chegar lá, você seguiria firme?

Pois é, para muito do que buscamos, é necessário ter dinheiro, por mais que a felicidade absolutamente não esteja nele, mas não podemos ser hipócritas e dizer que ele não traz facilidade. Por isso, poupar se torna um meio para atingir também muito do que buscamos, seja a tão sonhada viagem de férias, a casa nova ou própria, a reforma, a festa para uma data especial, o carro etc.

Por isso, vale e é importante elencar objetivos, de curto, de médio e de longo prazo, pois ter razões, motivos e metas nos movem, e não importa o tamanho do objetivo, pois a verdade é que isso lhe dá a possibilidade de traçar planos para cada um deles. Isso mesmo, trace um plano diferente para cada objetivo e dose a sua busca, não corra simultaneamente atrás de vários objetivos, vale listar por ordem de prioridade e necessidade. Não tenha dúvidas de que, ter clareza dos seus objetivos, certamente, o manterá mais focado e firme na busca por **fazer acontecer**.

A dica final é que no caso da vida a dois, não deixe de trocar ideias e alinhar tudo isso com o seu/sua parceiro(a), para que ele(a) também faça uma lista, a fim de que vocês possam ver o que é prioridade e está entre os objetivos dos dois, pois esses, sim, serão também as prioridades do casal.

////////////////
"Não tenha dúvidas de que, ter clareza dos seus objetivos, certamente, o manterá mais focado e firme na busca por fazer acontecer."
////////////////

NÃO SE DEIXE LEVAR PELA VIDA DE NOVELA DAS REDES SOCIAIS

É, não tá fácil acompanhar a vida de novela que vemos nos mais diversos perfis do Instagram e de outras redes sociais... Mas sobre isso eu falo logo adiante.

Com o passar do tempo, independente da idade, é possível perceber o quanto devemos nos cuidar, preservar aqueles que amamos e estão perto. Imagino que a sua vida deve ser bem corrida, muitos compromissos, rotinas, que muitas vezes não o permitem estar perto como gostaria daquelas pessoas que ama e que considera especiais em sua vida, não é mesmo?

> O se cuidar hoje diz respeito fortemente ao bem-estar emocional, o bem-estar consigo mesmo, e isso não é algo tão simples assim.

O envolvimento das pessoas com o mundo online é cada vez maior, mais intenso e o tal do celular na mão é algo ensandecedor, é necessário impor regras, limites, para si e para a família também.

De vez em quando, vejo-me numa mesa por aí, como o único sem estar com o celular na mão, e fico até na dúvida se já foi criado um grupo de todos que estão na mesa e peço para me incluírem, afinal, também uso o celular e não quero ficar de fora, mas nisso também é preciso o equilíbrio.

Uso meu celular de forma bem comedida, tendo em vista que, para mim, ele é um instrumento de trabalho e que com ele eu gero renda e movimento, gerencio parte do que são as rotinas do meu negócio.

Nas redes sociais, vejo muitas vidas instagramáveis ou, como sempre chamei, vida de novela do Instagram, das redes sociais em geral, na qual muitos mostram uma vida em que gasta-se mais do que podem para estar bem no *feed*.

E pode-se perceber isso, por exemplo, numa história que ouvi de um amigo. Numa viagem para uma certa ilha, ele estava, como sempre, curioso, interessado em saber a história do lugar, um pouco da cultura e mais detalhes. Perguntava ao guia, mas não escutava a resposta, nada claro, agregador. Mas o guia estava sempre sugerindo, para ele e para os demais turistas do grupo, os melhores lugares para fotos, os ângulos e as posições que as pessoas mais gostavam ali.

Isso evidencia o redirecionamento de muitas coisas, de certas prioridades. Viajar e postar fotos, ok — faz parte, sim —, mas tirar foto de tudo e ver a beleza do lugar através da câmera do celular não creio que seja a melhor experiência.

Mas, claro, isso é gosto, perfil; tudo bem, são escolhas.

Viajei para dezenas de países, e, de tanto que gostei, a vários deles eu voltei, aproveitei intensamente e conhecia, lembrava de muitos lugares pelas ruas, sabendo como ir para os passeios e tendo uma memória visual que, certamente, se tivesse vivido esses lugares com o celular na mão o tempo todo, não teria.

O ponto é que essa vida de novela faz com que muitos outros "entrem na onda", de forma consciente ou inconsciente, tendo como referência a vida real ou não dos outros, e aí começa o círculo vicioso, perigoso, de gastar para se manter "bem na fita" e de ter que continuar gastando porque poucos aceitam diminuir o padrão.

Em paralelo, mas vivendo um verdadeiro paradoxo, existem aqueles que vivem de forma planejada, dentro da sua realidade e que não se deixam levar por impulsos e menos ainda por mostrar o que não vivem em redes sociais, priorizam o bem-estar. Mas dentro desse grupo alguns conseguem se manter firmes e equilibrados, e outros terminam por se afetar de alguma maneira, a autoestima, a sensação de ver que os outros podem e vivem bem, mas ele não.

Porém, poucos refletem sobre a realidade, o que está por trás daquelas fotos, o dia a dia, e muitos seguem sendo dublês em um sonho, quase real mesmo, mas apenas nas redes sociais, saciando desejos, realizando sonhos e fantasiando uma vida.

Mas e o bolso, como fica? Bem, aí é outra coisa, cada um sabe bem a sua realidade, por isso, viva ela, ela e somente ela, não olhe para a grama do vizinho e se dedique a lutar pelo que deseja sem olhar para o lado. Vida que segue, cada um com a sua realidade, vivendo nela ou não.

A intensidade das redes sociais e o que elas nos propõem termina por nos tirar ainda mais tempo, aquele precioso que falei no começo deste capítulo, em relação ao tempo para estar com as pessoas que amamos e são especiais, cuidar mais de si e estar com a família, isso, sim, é para poucos!

Diante de tudo isso, diferentes comportamentos podem ser observados, e é impossível listar todos aqui, mas posso destacar alguns, os que se frustram por invejar e viver a vida que os outros postam e perdem o foco na própria vida, os que estão correndo atrás do próprio rabo, a fim de se manter em evidência e vivendo num padrão além para se manter bem no *feed* e aqueles que conseguem se blindar disso tudo e seguir a sua vida, na sua trilha.

E você, está entre os perfis indicados que citei anteriormente ou o seu é diferente? Tente se encontrar, se libertar e refletir sobre como as redes sociais o afetam, o que isso lhe causa e o que é possível fazer para melhorar.

///////////////
"Porém, poucos refletem sobre a realidade, o que está por trás daquelas fotos, o dia a dia, e muitos seguem sendo dublês em um sonho, quase real mesmo, mas apenas nas redes sociais, saciando desejos, realizando sonhos e fantasiando uma vida."
///////////////

EVITE OS EXTREMOS

Cuidado com os extremos, nem uma ponta nem outra, pois eu gostaria de vê-lo de forma equilibrada, no ponto central, de equilíbrio, certamente, assim será mais saudável para você e para todos que você ama. Mas, nesse caso, vou me apegar mais a você, pois estando bem e protegido, terá mais força e tranquilidade para cuidar de quem ama também, mais uma vez, vale a máxima do "coloque a máscara primeiro em você".

Lembro bem de uma cliente, Maria Helena, que tinha quase que um "trauma", aversão a gastar dinheiro, não sei se posso chamar mesmo de avareza ao pé da letra, mas era uma pessoa que efetivamente só gastava o necessário, não por ser mão de vaca, mão fechada, mas pelo fato de ter medo de, no futuro, não ter condições de se manter e passar por restrições maiores.

Eis que começamos o trabalho e ela abriu muito do que viveu por longos anos, usava roupas da mesma cor para que pudesse gastar menos e, assim, realizar os seus planos, suas prioridades, entre outras atitudes que realmente são incomuns, sobretudo no mundo consumista em que vivemos. E naquele primeiro encontro, depois de muita conversa, de entender e mergulhar bem nos números e na realidade dela, lembro bem de ter dito: "Pronto, você pode comprar R$ 2.000 em roupas para o fim de ano e, assim, começar a renovação do seu armário." Ela teve uma reação no mínimo curiosa, um mix de espanto, negação e de descrença no que estava ouvindo.

Isso mesmo, aquele foi **"um pequeno passo para aquele dia, mas um salto gigantesco para a mudança de uma vida"**, parafraseando a primeira frase do homem ao pisar na Lua. E, com o passar do tempo, a confiança e a compreensão de sua realidade, do quanto tinha de receita, do potencial de poupar no mês a mês e do que já tinha constituído de patrimônio, a vida foi mudando, ela se sentindo mais segura e se permitindo viver como nunca, sem jamais perder o controle financeiro, muito pelo contrário, começou a investir e a viver melhor. E, no fim das contas, eu sou grato pela confiança e credibilidade, porque já escutei dessa pessoa e de familiares que a vida dela se divide em antes e depois de Leandro. Mas quem tomou as decisões e se abriu para a mudança foi ela, a conquista é dela, eu apenas conversei e falei dos caminhos e das possibilidades, mostrando a realidade e o que era possível fazer.

Não tem desafio que dure para sempre, evite extremos, não é saudável exagerar em nada nessa vida, sal demais estraga o alimento, e de menos também não é legal, não ajuda a saborear melhor, e com o doce também é assim, nem tanto, nem tão pouco, coma na medida certa e valerá a pena, e na vida financeira não é diferente.

Agora, vamos para o outro extremo, que até citei antes por aqui, no começo do livro, e talvez você lembre, de um outro cliente que acumulou sozinho 150 compras parceladas, de forma simultânea, em 5 cartões de crédito, o recorde de tudo o que tinha visto até então, e isso já abocanhava mais de 70% do salário dele, comprometendo naturalmente também vários dos próximos meses com as demais parcelas.

Trata-se do outro extremo, de gastos desenfreados, sem o menor controle e com um excesso de compras parceladas, meio rápido para o desequilíbrio financeiro.

Pode-se observar facilmente que os extremos não trazem saúde e muito menos tranquilidade, talvez, sim, a falsa impressão de controle e de conquistas, que na prática e nos casos citados anteriormente não eram efetivos para nenhum dos clientes. Cada um, ao seu estilo, estava vivendo num mundo que não era seu.

Por fim, observe também que aqui o "x" da questão não foi o dinheiro, mas o comportamento, a forma de lidar com as situações, escolhas do dia a dia que levaram a gastar mais ou menos, ao extremo, e assim viver em outra realidade diferente da que podia.

///////////////
"(...) evite extremos, não é saudável exagerar em nada nessa vida, sal demais estraga o alimento, e de menos também não é legal, não ajuda a saborear melhor, e com o doce também é assim, nem tanto, nem tão pouco, coma na medida certa e valerá a pena, e na vida financeira não é diferente."
///////////////

PARTE VI

$

INVESTIMENTOS, CONHECIMENTO E PERCEPÇÕES

34

O MELHOR INVESTIMENTO PARA VOCÊ

O que trago aqui pode não ser um segredo, mas certamente é o melhor investimento para você. Isso mesmo: provavelmente você já se fez a pergunta de qual seria o melhor investimento no momento. Então, vamos lá, reflita comigo sobre isso.

Eu recebo essa pergunta com frequência, de uma série de pessoas diferentes e, simplesmente, não tenho uma resposta padrão, e desconfie se alguém lhe responder isso de pronto, e se for alguém que não o conhece o suficiente, então, corra!

Certa vez recebi exatamente esta pergunta:

"Gostaria de saber qual o melhor investimento, que renda bem no curto prazo."

Devolvi com outra pergunta:

"O que você considera curto prazo e o que considera um bom rendimento?"

E a resposta não poderia ser mais surpreendente:

"100% em 1 mês."

Bem, vida que segue! As pessoas me procuram para dizer que estão com uma quantia parada e querem saber no que investir, ou que poupam X ou Y por mês e perguntam no quê alocar. Será que existe resposta para essas perguntas? O investimento perfeito que, normalmente, elas procuram é aquele que tem uma alta rentabilidade, ou seja, alto retorno, no curto prazo e de uma forma que, praticamente, não se exponham a nenhum risco. Será que isso existe mesmo?

Mas como ter a resposta e o produto ideal para as pessoas? Em geral, eu não conheço as pessoas que me perguntam isso, não sei se são casadas ou solteiras, se têm filho(s) ou não, se têm o perfil poupador ou não, se estão trabalhando ou não, no meio público ou privado, quais os planos, os objetivos, o perfil de investidor (conservador, moderado ou arrojado). Não, realmente não há uma resposta padrão para essa pergunta, pode esquecer.

> E como você viu, há uma série de variáveis que influenciam no "melhor investimento" para cada pessoa, e muito possivelmente não haverá mesmo o melhor, mas, sim, uma estratégia que seja mais adequada para cada pessoa, de acordo com o perfil e os objetivos.

Na verdade, um bom investimento depende de uma série de fatores. Algumas dessas variáveis eu vou pontuar para que você faça essa autoanálise e busque conhecimento necessário para encontrar o melhor produto que se adéqua àquilo que você acredita e ao seu perfil, de acordo com a sua estratégia. E se você não tiver segurança para fazer isso da melhor maneira, não hesite em procurar uma ajuda profissional séria, que você tenha referências para ajudá-lo nesse processo, tal qual você faz quando sente algum incômodo e procura um especialista, ou seja, um médico.

A primeira coisa que você tem que se perguntar é em relação à reserva de emergência. Já tem o valor correspondente a, pelo menos, seis meses das despesas mensais investido de forma adequada para esta finalidade? Se já tem, pode passar a investir em produtos que não precisam de alta liquidez, isto é, agora sim, começar a buscar rentabilidade em produtos de renda fixa com prazo maior e, quem sabe, sair dela e se expor a mais riscos, em busca de maior retorno de renda variável.

E esse é outro ponto essencial, entender qual o prazo, por quanto tempo você pode esquecer esse valor que pretende investir. Seria por seis meses, um, dois, cinco, dez anos ou a perder de vista? Você está seguro de que não vai precisar nem tão cedo desse montante ou parte dele e pode realmente fazer um investimento em longo prazo?

Em relação aos investimentos na renda variável, como você se sente? Tem estômago para aguentar a volatilidade (sobe e desce) desses ativos?

Você precisa entender qual o seu perfil de investidor. Ao procurar investir por meio do seu banco ou de uma corretora, não custa lembrar, uma das primeiras coisas que se faz é o teste de perfil de investidor, até para que você fique enquadrado de acordo com o resultado, para que tenha a liberdade/o limite de investir naquilo que é mais condizente com o seu perfil, seja ele conservador, moderado ou arrojado. Para cada tipo de investidor, há possibilidades de investimentos diferentes, e é fundamental que tais opções e escolhas sejam aderentes ao perfil, por isso o teste é feito, isso é importante para você e para a sua segurança em relação aos seus investimentos.

Investir é uma construção, não é algo genérico. Entender essa série de variáveis vai ajudar a traçar melhor o seu plano de investimentos, de forma mais condizente com o que busca e com os seus objetivos. Vale reforçar que o prazo do investimento está diretamente ligado à rentabilidade que você pode ter. Na maioria dos produtos, você vai conseguir um melhor rendimento em médio ou longo prazos, por isso esse ponto é essencial. O seu perfil, como destaquei anteriormente, é também importante, a fim de abrir o leque de produtos que você tem aderência, tranquilidade para investir sem desviar da sua tolerância em relação à exposição ao risco.

Com esses pontos básicos de partida, você pode ter uma ideia de direcionamento e encontrar os melhores investimentos para a sua carteira. Realmente é uma construção e esta não será feita apenas de um produto, mas aos poucos vem a diversificação e a composição de sua carteira com diferentes produtos.

Uma coisa que você já deve ter ouvido falar é a máxima de "o que rende o melhor juro é o conhecimento". Invista em conhecimento para entender melhor as suas metas, mapeie as suas necessidades, respeite os seus prazos e limites, respeite o seu perfil, para que possa fazer um bom plano, trabalhar bem a sua carteira. Desta forma, você vai estar pronto para fazer perguntas e escolhas mais assertivas quando estiver diante do seu gerente ou assessor de investimentos, ou diante dos produtos no seu banco ou na sua corretora para a sua escolha.

Se você se conhecer melhor e souber as respostas das perguntas que eu trouxe aqui, certamente, vai dar mais subsídios para que o seu gerente ou assessor de investimentos lhe dê o melhor suporte e direcionamento possível, ou quem sabe até investir com mais autonomia, usando outros meios além desses citados para um suporte amplo, tendo mais independência para seguir firme nesse processo de construção.

> "Investir é uma construção, não é algo genérico. Entender essa série de variáveis vai ajudar a traçar melhor o seu plano de investimentos, de forma mais condizente com o que busca e com os seus objetivos."

CINCO "INVESTIMENTOS" QUE, NA VERDADE, NÃO SÃO INVESTIMENTOS

Certamente, você também já viu o mesmo que eu: muita gente bater no peito, se orgulhar por ter feito investimentos e estar avançando nesse caminho. Mas a realidade é que, muitas vezes, são maus negócios. Por isso, resolvi falar de cinco desses "investimentos" que costumam ser pegadinha na vida de várias pessoas. Fique atento e busque reais oportunidades de investir e, se alguma dessas deu certo para você, que bom, foi realmente premiado, tem disso também.

O **primeiro "investimento"** que você ou alguém da sua família pode ter caído é a compra do imóvel, investir na casa própria. Os nossos pais passaram para a gente que essa aquisição é importante porque "haja o que houver, você vai ter o seu canto, o seu teto".

Na realidade, se for financiado e você deixar de pagar a prestação por três, quatro meses, vai ver que ele não é tão seu, está "em nome do banco", e diante de sua dívida, pode ir a leilão.

É preciso entender que imóvel é passivo e não ativo, pois, com a compra dele, você tem condomínio, IPTU, taxa de bombeiros, despesas de manutenção, energia, água, além das despesas iniciais que muitos têm antes de entrar no imóvel com reforma. Ou seja, mais gastos no seu dia a dia.

Investimento é aquilo que lhe dá retorno, que vai lhe rentabilizar de alguma forma. Se é para morar, você pode encarar como um investimento filosófico, emocionalmente falando. Se você compra um apartamento para alugar, aí, sim, pode ser um investimento.

O **segundo** que muita gente chama de investimento: a previdência privada. Pode ser um bom investimento ou um péssimo negócio, a depender de vários detalhes que, em geral, não são analisados da melhor forma, o que termina levando muita gente a aportar recorrentemente em produtos de péssima qualidade e ineficazes, porém, claro, existem bons produtos e que fazem sentido no planejamento financeiro de muita gente. Eu vejo a previdência como uma renda complementar para o seu futuro, muitos veem como um seguro, uma forma de você garantir uma velhice mais tranquila. É uma alternativa para se planejar e ter segurança em longo prazo. Digo mais: ao longo desses anos trabalhando com planejamento financeiro, ainda não encontrei ninguém que tenha uma previdência que permita viver no futuro apenas com a renda que ela vai proporcionar. Ou seja, é mais um meio para um futuro mais tranquilo, mas não vai sanar todas as despesas dessa fase.

Frequentemente, vejo também **mais dois** "investimentos" que não são investimentos, e que muita gente acredita estar fazendo algo de outro mundo, são eles: os títulos de capitalização e consórcios, sendo vendidos por muitos como investimentos. Os títulos de capitalização, em muitos casos, você tira menos do que aportou ao longo do tempo, e isso pode estar previsto no contrato de adesão, tendo como vantagem indicada nele a participação em sorteios.

Cuidado com esse tipo de produto, que termina se assemelhando a uma rifa ou a produtos de loteria. E o consórcio vem como uma forma de pagamento, meio para a aquisição de eletrodomésticos, móveis, vários tipos de veículos ou um imóvel em que a pessoa deseje morar, o que, como vimos anteriormente, se caracteriza como um passivo e não um ativo. Além de que para contratar o consórcio, paga-se taxa de administração entre outras despesas junto com a parcela no mês a mês para que deem segurança ao funcionamento do grupo, o que mais uma vez não traz características de investimento.

E, para finalizar, não custa lembrar e destacar aqui como **último dos cinco "investimentos"** que rondam por aí, as pirâmides, que a cada ano pegam milhares de pessoas nos quatro cantos do mundo, e de norte a sul do Brasil. Em geral, as pessoas que caem buscam ganhos fora da curva, alta rentabilidade em curto prazo, e esses atalhos não se encontram assim, mas as promessas existem em cada esquina, em muitos perfis nas redes sociais.

> E sempre terá alguém que vai testemunhar a favor, afirmar que teve ganhos, retorno alto, e isso existe, de fato. Acontece com os primeiros a aderir, pois o estelionatário precisa ter algumas pessoas que bradem aos quatro ventos que aquilo dá certo e que contem vantagem por aí, e esses trarão mais gente e quando o "circo estiver armado", o golpe acontece!

Tenha atenção para esses cinco exemplos que eu trouxe para você. Alguns deles têm pontos positivos na vida de uma pessoa, a partir do momento que você entende e tem claro na mente o motivo pelo qual está adquirindo aquilo, o propósito e o papel dele no seu planejamento. A previdência, por exemplo, faz sentido para muitas pessoas, o consórcio também é um meio de adquirir um carro ou imóvel, mas não é um investimento.

Siga em frente e procure boas oportunidades para verdadeiramente investir, de olho, blindando-se em relação a falsos investimentos, fuja de golpistas e oportunistas e respeite sempre o seu perfil, seja ele conservador, moderado ou arrojado.

"Siga em frente e procure boas oportunidades para verdadeiramente investir, de olho, blindando-se em relação a falsos investimentos, fuja de golpistas e oportunistas e respeite sempre o seu perfil, seja ele conservador, moderado ou arrojado."

QUEM É VOCÊ NO MUNDO DOS INVESTIMENTOS?

Aqui, começo com uma pergunta: quem é você no mundo dos investimentos? Poupador, investidor ou apostador? Você sabe a diferença de cada um desses perfis? Qual deles acredita ser o melhor? Mas calma, se você não está entre esses perfis, vale a leitura, a reflexão e o conhecimento para que corra atrás da mudança e de conquistas.

Dos que gastam menos do que ganham em nosso país, a maior parte se encontra no perfil poupador. O tempo passa, mas a estatística não tem mudado muita coisa: cerca de 8 a cada 10 brasileiros que conseguem juntar dinheiro optam pela poupança.

> De modo geral, quem opta pela poupança, tem pouco conhecimento sobre o mundo dos investimentos e, de forma inconsciente, se diz conservador, se sente inseguro e confia predominantemente na queridinha dos brasileiros!

Além do poupador, existe também o investidor. Esse tem mais conhecimento e deve focar a estratégia mais adequada ao seu perfil e aos seus objetivos, procurando uma melhor performance e diversificação da carteira, de olho na correlação/descorrelação, deve analisar o prazo, a liquidez, o risco e os fundamentos. E mesmo que você se enquadre como investidor e, ainda assim, não olhe todos esses detalhes, certamente, está no caminho e na trilha para isso. O investidor procura mais conhecimento e, por isso, logo percebe que pode ousar um pouco mais, procurar investimentos realmente mais alinhados ao seu perfil e planejamento. Inclusive, aceita mais risco por ter mais conhecimento e, com isso, mais segurança, percepção do mercado e de suas decisões.

Hoje, no Brasil, apesar das mudanças e do aumento constante de busca por conhecimento e do número de investidores, poucos daqueles que gastam menos do que ganham são realmente investidores.

A última fatia corresponde aos apostadores. Segundo as pesquisas, eles representam 5% dos brasileiros que poupam. Confesso que na minha percepção, esse percentual seria um bocado maior. Eles são quase "franco-atiradores", procuram ganhos exorbitantes num curto espaço de tempo. Normalmente, não têm muito conhecimento e são das mais diversas classes sociais. Muitos arriscam tudo o que têm em prol de ganhos fantásticos, seguindo o efeito manada. Quando percebem a possibilidade de ganho, em curto espaço de tempo, é por onde seguem, sedentos e confiantes, é impressionante! Sem conhecimento, sem defesa da causa, apenas se atiram sem saber se vai dar certo. São presas fáceis para golpes, pirâmides e afins.

Em qual desses três perfis você se enquadra? Se está entre poupadores e apostadores, a minha recomendação é que siga os investidores.

Para isso, dedique mais tempo para cuidar do que poupa, que certamente é fruto de renúncia, organização e foco nas conquistas futuras. Procure ler mais sobre o tema, assistir vídeos, escutar podcasts, com isso, não tenha dúvidas, você saberá melhor o que fazer, estará mais seguro quanto às decisões, por mais que na prática isso não garanta nada, mas lhe dará mais tranquilidade, trará experiência e seguramente mais um montão de dúvidas, e isso é normal, faz parte do processo, siga em frente.

Procure a diversificação com base sólida, poupe e invista de forma consistente, recorrente, tenha uma estratégia, procure ajustar as velas e se adequar à sua realidade, tudo faz parte da construção. Respeite a sua estratégia, o seu perfil e acompanhe as movimentações do mercado, não precisa ser algo diário, mas não passe meses sem abrir os investimentos, ignorando a possibilidade da nossa economia instável não "favorecer" a sua carteira.

> "Para isso, dedique mais tempo para cuidar do que você poupa, que certamente é fruto de renúncia, organização e foco nas conquistas futuras."

O IMPACTO DA BOLSA DE VALORES NA SUA VIDA. SEJA VOCÊ INVESTIDOR OU NÃO, ISSO ACONTECE!

Minha ideia aqui é desmistificar e falar um pouco da bolsa de valores, de forma simples e direta, do impacto que o sobe e desce da bolsa causa para quem nem sabe ao certo como ela funciona, para quem não investe em ações (a esmagadora maioria dos brasileiros), efeitos, consequências, a bolsa em sua vida, em nossas vidas.

O fator que mais afeta, e aí não só na bolsa brasileira, é o clima de incerteza que o sobe e desce gera, digo não só no Brasil, porém, países subdesenvolvidos como o nosso, sofrem mais, sentem mais o reflexo, por isso trago aqui detalhes para facilitar a sua compreensão de que estando ou não na bolsa, o impacto dela é sentido pela população.

Vamos a um exemplo trazido pelo clima de incerteza do mercado, muitas vezes, gerado pelo cenário econômico, e não só ele, mas também por questões políticas do nosso país, que leva as empresas a adiar decisões, projetos de expansão são postergados ou até cancelados, investimentos em sua maioria não têm avanços, e com isso surgem menos oportunidades, menos empregos são gerados, o capital que seria injetado na economia fica "parado".

E a cadeia é essa: menos empregos, menos gente com dinheiro na mão para levar para o seu dia a dia, para movimentar o mercadinho do bairro, o transporte público, o comércio e os serviços como um todo. O ciclo se repete quando o clima é instável, desta forma, o **investidor estrangeiro** tem a sua confiança atingida, e tende a procurar países para investir de forma mais segura. Correndo para ativos considerados mais seguros, migram, por exemplo, para títulos da dívida pública norte-americana, para o dólar. E o que isso tem a ver conosco?

É menos dinheiro girando em nossa economia, perda no curto prazo para quem está na bolsa, o que não deve impactar de forma definitiva para quem pensa em longo prazo. E para quem nem sabe como a bolsa funciona, pode sofrer consequências negativas também, o desemprego pode aumentar e a inflação subir, tornando os itens na prateleira mais caros, impactando no poder de compra, nos gastos do dia a dia.

Na reta final do que trago aqui para você, vemos projetos sendo engavetados, adiados, portanto, para um outro momento, num cenário diferente, ou mesmo sendo cancelados. De acordo com o momento, vemos o aumento da insegurança em relação à concessão de crédito, o que tende a aumentar os juros, ou seja, o custo do dinheiro fica maior, fazendo com que as empresas estejam menos dispostas a se movimentar e, consequentemente, o momento é menos propício para as empresas no sentido de desembolsar, diminuindo as possibilidades de expansões e contratações. Junto com isso vem o clima tenso da eminente recessão em diversos países.

Muitas pessoas tendem a correr para investimentos de renda fixa, o que não ajuda a economia produtiva, mas traz a segurança procurada por muitos num momento de instabilidade. Afinal, as pessoas saindo da bolsa, deixam de investir nas empresas e menos investimentos nelas acontecem. Já vimos de forma clara aqui que quebra a cadeia de fomento da economia. Então, vemos o desaquecimento para as empresas que estão na bolsa, que vendem menos e terminam optando por investir menos, dessa forma empregam menos, demitem mais, cai a produção, cai a arrecadação de impostos por parte do governo e o dinheiro que gira em nossa economia fica mais escasso, atingindo o brasileiro que acreditava que a queda da bolsa não influencia em nada a sua vida.

Acredito que agora é possível ter mais clareza dos impactos que a bolsa traz, mesmo na vida de quem não entende nada sobre ela e que sequer um dia cogitou investir em ações, por exemplo.

A sequência anterior foi trazida de acordo com um cenário mais difícil, num momento desafiador, mas é claro que a bolsa também traz bonança e movimenta positivamente a nossa economia, disso não há dúvidas. Por isso, convido-o a fazer uma breve releitura da página anterior até aqui, pensando agora num cenário positivo da nossa economia, no país e consequentemente na bolsa, a sequência apresentada seria diferente, e naturalmente traz boas possibilidades e oportunidades para o brasileiro.

Agora, sim, não tenho dúvidas que você percebeu que a bolsa de valores impacta, sim, na sua vida, seja você investidor ou não, isso acontece!

"E para quem nem sabe como a bolsa funciona, pode sofrer consequências negativas também, o desemprego pode aumentar e a inflação subir, tornando os itens na prateleira mais caros, impactando no poder de compra, nos gastos do dia a dia..."

38

NÃO SEJA MAIS UM A FAZER O SUPLETIVO NO MUNDO DOS INVESTIMENTOS

Em meados de 2020, com a pandemia impactando fortemente todo o mundo, tivemos mais um corte da taxa Selic, o oitavo seguido na época. E não foi uma surpresa, mas foi um grande corte, talvez o maior da história até então. Percentualmente falando, a taxa caiu 25% naquele momento.

Naturalmente, era uma fase em que a renda fixa perdia ainda mais a sua atratividade, tendo em vista que já fazia um tempo que a Selic estava baixa e, mais uma vez, muitos anunciavam ou reforçavam a morte da renda fixa. Eu sempre discordei, pois imagine que se ela tivesse mesmo morrido, depois ressuscitou? E quantas vezes isso já aconteceu nas últimas décadas?

Pense bem, independente do seu perfil de investidor, um planejamento financeiro bem-feito ou qualquer assessoria de investimento indicará para sua carteira um percentual na renda fixa. Dessa forma, a tal morte não aconteceu, e no Brasil não vejo previsão do fim num curto prazo.

Muito pelo contrário, exige mais cautela, conhecimento, parcimônia dos investidores para analisar e escolher os melhores produtos para se posicionar na parte de sua carteira que deve estar na renda fixa. Da mesma forma, é importante também em ciclos de alta da Selic, ou seja, entender bem os tipos de produtos e diversificar de forma inteligente a parte da renda fixa é bem importante para uma carteira de investimentos eficiente. Isso exige conhecimento ou uma boa orientação para tal. Com o passar do tempo, vemos acontecer por várias vezes o efeito manada no mundo dos investimentos, em direção à renda variável, por exemplo. Vemos a escalada no preço de várias ações, fundos imobiliários e, com isso, muita gente parece fazer o supletivo no mundo dos investimentos, pulando a base, os produtos da renda fixa e afins, partindo direto para a bolsa, para a renda variável, expondo ou mesmo ignorando a reserva de emergência e se intitulando como investidores arrojados.

Porém, como diz Warren Buffett:

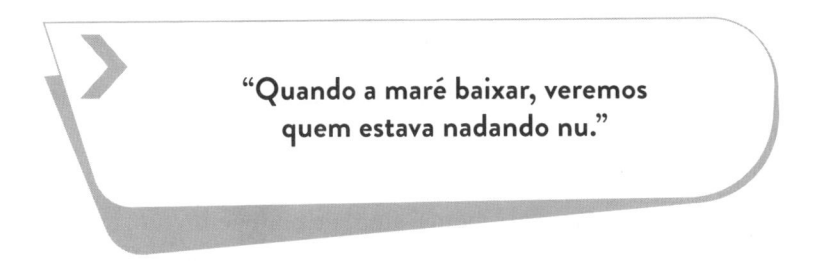

> "Quando a maré baixar, veremos quem estava nadando nu."

No Brasil, a maior parte absoluta das pessoas que poupam ainda coloca esse dinheiro na poupança ou em produtos que não entende, por isso, parta do princípio, e ele está nos produtos da renda fixa. É nessa modalidade que se posicionam os primeiros investimentos, como reserva de emergência, para eventualidades, redução de renda, desemprego, problemas de saúde e oportunidades, em que o foco está na liquidez e não na rentabilidade.

O reflexo desse movimento vimos fortemente entre março e abril de 2020 (período inicial da pandemia da Covid-19) e também em outras oportunidades, em que a bolsa despencou e muitos fugiram dela desesperadamente, realizando, efetivamente, grandes perdas. Muitos venderam mesmo, porque nem sabiam a razão de estarem lá, fundamentos e teses inexistiram. Na verdade, para boa parte desses investidores, nunca existiram.

Por isso, é necessário ter/buscar conhecimento, a fim de seguir o plano (você tem um plano?) com equilíbrio e escolhas assertivas, diversificando e balanceando com coerência, de olho, alinhado com o seu perfil e objetivos. Sim, é muito importante respeitar o seu perfil de investidor, e esse você pode identificar facilmente fazendo um teste no seu banco ou ao abrir a conta numa corretora de valores online, por exemplo.

Recebo, frequentemente, pessoas procurando pela minha mentoria, consultoria, cursos e por meio das redes sociais, querendo investir. Lembro que durante alguns anos, poucos consideravam investir na renda fixa, pelo menos até conversar um pouco mais e refletir melhor sobre o perfil, sobre os planos, e isso alinhado a outros pontos, tal como a dinâmica e a situação financeira, idade, estrutura profissional e familiar. Tudo isso dá suporte para tal planejamento, carteira, risco, prazo e mais. Poucos refletem e querem começar na empolgação, até porque, durante alguns anos e até mesmo ciclos, a renda variável parece "só variar para cima", e a fase em que ela varia também para baixo mostra a volatilidade que é parte da sua natureza. Por isso, o planejamento financeiro é também peça-chave e os investimentos fazem parte do universo daquilo que é o planejamento.

Para quem está na fase de composição da reserva de emergência, seja prudente e lembre-se de que não é hora de mergulhar na renda variável, siga subindo, degrau por degrau no mundo dos investimentos.

Saber o que não fazer também é sinal de conhecimento, ter um plano é fundamental, e segui-lo é respirar fundo, evitar a euforia alheia, e muitas vezes desmedida. Cumpra cada etapa de forma coerente, consistente e siga em frente.

"No Brasil, a maior parte absoluta das pessoas que poupam ainda coloca esse dinheiro na poupança ou em produtos que não entende, por isso, parta do princípio, e ele está nos produtos da renda fixa."

TESOURO DIRETO: INVESTIR E ERRAR, APRENDER E ACERTAR, É SÓ COMEÇAR!

Os títulos do tesouro estão entre os produtos mais seguros do mercado, muitos especialistas consideram que são até mesmo os mais seguros. Trata-se de um programa do Tesouro Nacional numa parceria com a B3, totalmente online, para venda de títulos públicos federais para pessoas físicas. Surgiu em 2002, e ano a ano tem um crescimento expressivo no número de investidores cadastrados, e conta com dezenas de bilhões em investimentos. Números que, quando vistos em detalhe, podem impressionar, mas, na minha visão, apesar da crescente nos últimos anos, ainda é pouco representativo. O brasileiro que poupa, em sua maioria, ainda mantém o dinheiro na poupança, conta-corrente ou até em casa, mas o número de investidores vem crescendo bastante, e isso, de fato, é animador.

Há um bom tempo, já não faz diferença investir no Tesouro por meio dos bancos ou das corretoras, pois os bancos deixaram de cobrar taxa de administração, que na prática não tinha sentido. Apesar disso e devido às facilidades da época, muitos começavam no tesouro por meio do banco de relacionamento (foi o meu caso), mas com o tempo isso mudou.

Com o incômodo da taxa por parte dos investidores nos grandes bancos e, por outro lado, a taxa zero como grande "incentivo" por parte das corretoras, o que se viu foi a partida de vários clientes para as corretoras, que exploravam a tal cobrança como argumento para atraí-los. As corretoras não cobravam taxa de administração desde aquela época, aumentando sua fatia no mercado, e não só dos investidores oriundos dos grandes bancos, mas também a adesão às corretoras por novos investidores.

> **Aos poucos, os bancos foram recuando, tentando evitar a perda de clientes e fechar a janela para a concorrência no mundo dos investimentos, dando sinais de mudanças, ainda que pequenas, como o fim da cobrança da taxa de administração para o Tesouro Direto.**

Falando da parte prática, são três títulos diferentes no Tesouro Direto: Prefixado, Tesouro Selic e Tesouro IPCA, tendo em média 10 ofertas, variando entre elas apenas a data de vencimento e o fluxo de remuneração, modo de "recebimento dos juros", que pode ser no resgate ou por meio dos "cupons semestrais". Esse último não é recomendado para quem está em fase de composição de patrimônio e quer investir com foco no longo prazo, é melhor evitar títulos com juros semestrais, deixando, assim, os juros compostos fazerem o trabalho deles.

Todos os títulos têm alta liquidez, porém, apenas o Tesouro Selic não costuma apresentar perdas quando resgatado antes do vencimento. Sendo uma alternativa interessante para a reserva de emergência e objetivos de curto ou curtíssimo prazo, esse título é conhecido também como primo ou substituto imediato da poupança, com uma rentabilidade um pouco maior do que ela e sem tanta vulnerabilidade, uma vez que a poupança pode ser facilmente acessada a qualquer momento. E isso pode ser perigoso em momentos de estresse e impulso, em que muitos terminam usando o dinheiro que não deviam com algo que não foi planejado.

> **Por isso, gosto também do Tesouro: a necessidade de acesso à corretora, ordem de resgate e recebimento com alta liquidez, mas não imediata como a poupança, faz com que as pessoas pensem duas vezes antes de avançar.**

O Tesouro Prefixado, como o nome já diz, tem uma taxa prefixada que não varia e não tem influência em relação à taxa Selic ou ao IPCA (Índice Nacional de Preços ao Consumidor Amplo) do período, nem com o cenário político e econômico do momento, e pode ser interessante no médio ou longo prazo. O tesouro IPCA+, por sua vez, rende de acordo com o IPCA somado a uma taxa prefixada no momento da compra, sendo um título interessante para o longo prazo e uma alternativa para a composição da carteira para este período e objetivos como a aposentadoria.

> **Interessante que, no passado, os títulos públicos não eram acessados por qualquer investidor, não podiam ser comprados de forma direta pela pessoa física. Para ter títulos do Tesouro, era por meio da compra de cotas de fundos de investimentos que tinham estes na composição da carteira. Com o tempo, criou-se essa ferramenta que passou a permitir a compra dos títulos do Tesouro de forma direta, por isso também o nome da ferramenta.**

A quantidade mínima que pode ser comprada é a fração de 0,01 do título, ou seja, 1% do valor de um título, desde que respeitado o valor mínimo de R$ 30. Isso torna o Tesouro Direto bastante acessível, democrático mesmo, por isso, pense bem antes de assumir alguns mitos e o que muitas pessoas falam, que não investem porque não têm muito dinheiro e que isso é coisa para rico. A prova está nos detalhes que trago aqui e no que você vai ler na sequência das próximas páginas.

Cada vez mais o mercado abre portas para investimentos com tíquete de entrada que estão ao alcance dos pequenos investidores. Por isso, sempre digo: conhecimento é a chave, procure, dedique-se e não espere estar morrendo afogado para aprender a nadar, isto é, não espere chegar o dia que você tem dinheiro o suficiente para aprender a investir, ou perderá muito tempo investindo mal com o que acumulou até aprender e confiar.

Portanto, comece com pouco, mas comece, de forma tímida e conservadora, mas comece, com o que você pode achar que é pouco, mas comece, não necessariamente pelo Tesouro Direto, mas comece... Invista ou chore e se lamente um dia por não ter começado antes e achar que é tarde; porém, ainda assim, certamente ainda estará em tempo de começar.

E se por acaso você chegou até aqui e está se perguntando como alguém que não está com a vida financeira organizada pode fazer isso... O que costumo sugerir é que analise friamente as suas despesas e o que você poderia cortar de supérfluo para dar os primeiros passos e começar. Um almoço, uma saidinha, alguma compra que não era de fato necessária, poupe esses pequenos valores e... **COMECE A INVESTIR**!

Conhecimento nunca é demais, avance, **SEMPRE**! A colheita e o resultado no mundo do conhecimento e dos investimentos chega no longo prazo. Claro que quanto antes começar, é melhor, consistência e recorrência para manter o ritmo e avançar, mas não deixe o tempo e a oportunidade passarem. Estou sempre nas minhas redes e canais com muito conteúdo, *insights* e reflexões para ajudá-lo nessa caminhada. Conte comigo!

////////////////
"Por isso, sempre digo: conhecimento é a chave, procure, dedique-se e não espere estar morrendo afogado para aprender a nadar, isto é, não espere chegar o dia que você tem dinheiro o suficiente para aprender a investir..."
////////////////

40

INVESTIR É UM CAMINHO SEM VOLTA

O brasileiro acordou para os investimentos (opa!), não na quantidade e na proporção que poderia ser, mas há uma movimentação bem diferente do que sempre vimos, e tem cada vez mais gente querendo começar a investir, mas não sabe como partir para esta etapa, não sabe por onde começar. O resultado disso é que muitos permanecem querendo, mas ainda não se mexeram, e, recordo que, 8 a cada 10 brasileiros mantêm as economias na poupança. Fazem isso por se sentirem mais seguros e esquecem que a rentabilidade é muito baixa.

Mas eu volto um pouco, já que vejo muita gente querendo investir sem ter feito o dever de casa, sem ter uma reserva de emergência (sim, de novo ela!) e já querendo partir para a renda variável, por exemplo, ou ignorando outro ponto de partida para começar a investir, que é dominar o orçamento. Ou, mesmo que não domine, mas que pelo menos gaste menos do que ganha, que poupe de forma recorrente. É fundamental que você saiba o quanto ganha, quanto gasta e com o que gasta.

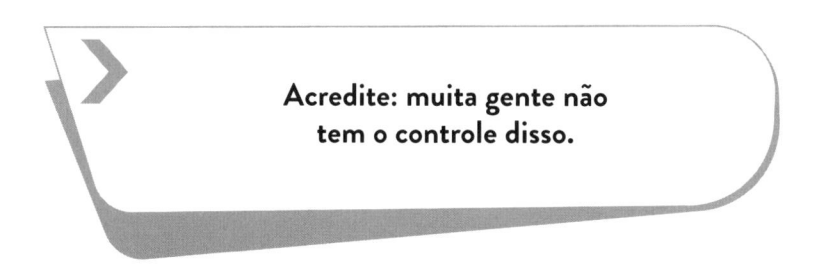

> Acredite: muita gente não tem o controle disso.

Com esse domínio, torna-se possível otimizar sua realidade e potencializar as economias, tendo assim recursos para investir mais. Parece simples, mas vale ressaltar que 80% dos brasileiros não controlam as próprias finanças. Ou seja, sabem de algumas despesas fixas, como condomínio, plano de saúde, mensalidade da escola, mas relevam pequenas despesas do dia a dia e, por ignorar isso, começam a "perder a mão", o controle das coisas e, claro, perdem oportunidades. Dominando o orçamento, você vai ter a vida financeira mais organizada e, assim, conseguir poupar mais, pois vai conseguir enxergar potenciais reduções, e com isso ter mais massa crítica para investir, tendo mais força no fermento que são os juros sobre os seus investimentos.

Reduzir as despesas fixas e supérfluos é essencial, pois isso é o que engessa o orçamento. Lembrando que despesa fixa não é aquela que o valor é fixo todos os meses, mas aquela que vem todos os meses, mesmo que o valor varie. Muita gente confunde isso.

Por isso, traz resultado, sim, reduzir aquilo que não é essencial, dá uma folga para que você tenha mais recursos para investir, repita esse mantra, o resultado vem e vai pavimentando o caminho no mundo dos investimentos, dando base.

Todo esse processo é envolvente. Uma vez que você sai da poupança e começa a conhecer um mundo de novas possibilidades, quer se envolver e avançar cada vez mais. Por isso, investir em você é fundamental, buscar mais conhecimento é essencial.

Estude, aprofunde-se, leia, assista a vídeos, escute podcasts e dedique tempo àquilo que faz sentido para você, não ache que é tarde ou cedo demais, jamais!

O ciclo de trabalhar mais para ter mais dinheiro pode deixar de fazer sentido quando você consegue organizar melhor as despesas, ampliar o conhecimento e, consequentemente, gerir melhor os seus recursos. Por outro lado, a falta de conhecimento faz com que você deixe o seu dinheiro boa parte do tempo na poupança ou, pasmem, até na conta-corrente ou em casa. Acredite: muita gente guarda dinheiro em casa.

Quanto mais conhecimento, mais seguro você se sente! Por outro lado, a falta de conhecimento leva as pessoas à inércia, que, por sua vez, traz insegurança, e isso as deixa na poupança.

Aprenda para ter mais discernimento, conhecimento, isso é libertador, abre horizontes e possibilidades, o bem-estar de entender o que o seu gerente do banco ou assessor de investimentos está oferecendo, ou pelo menos parte do que falam e, com isso, não estar no ponto zero desse universo, é bem motivador. Vale a pena já abrir uma conta na corretora. O seu banco, seja ele qual for, pode lhe oferecer oportunidades de investir. Mas, quando você conhece uma corretora, abre um leque de possibilidades e não fica limitado apenas ao que o seu gerente do banco oferece. Assim, você pode comparar as propostas e escolher aquela que faz mais sentido para o que busca para curto, médio e longo prazos, respeitando sempre o seu perfil e os seus objetivos.

E, nesse caminho, você consegue entender as coisas melhor, conversar com quem está com você na jornada a fim de comparar, analisar a diferença entre os produtos, identificar o que melhor se encaixa na sua estratégia, buscar resultados melhores e fazer com que o seu dinheiro trabalhe para você.

> Isso mesmo, o seu dinheiro vai se multiplicar e fazer mais dinheiro, e ver isso tudo acontecer o levará a um caminho sem volta, no qual você vai buscar cada vez mais conhecimento, mais domínio de suas finanças, procurando estar firme em dois dos quatro pilares da vida financeira: poupar mais e investir melhor!

///////////////
"Todo esse processo é envolvente. Uma vez que você sai da poupança e começa a conhecer um mundo de novas possibilidades, quer se envolver e avançar cada vez mais."
///////////////

PARTE VII

$

INGREDIENTES PARA REFLEXÕES INTRIGANTES

41

O QUE É SUFICIENTE PARA VOCÊ? VOCÊ SABE O QUE É SUFICIENTISMO?

Naturalmente, "suficientismo" já fala por si só, vem da palavra "suficiente", que, por sua vez, parece andar há anos um pouco distante do objetivo de boa parte das pessoas, afinal, somos regidos, orientados e motivados a buscar sempre mais e, quando temos mais, ainda não parece o suficiente e aí se dobra a meta. Isso tudo faz com que muitos vivam numa eterna corrida, numa busca contínua, que leva à insatisfação, à frustração e isso mexe, desequilibra, e, em alguns casos, leva à depressão, e não nos permite viver a essência do que é verdadeiramente possível e, na verdade, **suficiente** para sermos felizes.

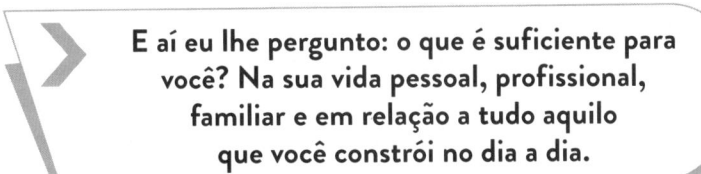

> E aí eu lhe pergunto: o que é suficiente para você? Na sua vida pessoal, profissional, familiar e em relação a tudo aquilo que você constrói no dia a dia.

O suficientismo vem do desafio de praticar, de tentar atingir aquilo que é suficiente para você. Encontrar o equilíbrio, o ponto que você entende que não precisa nem mais, nem menos para ter a vida de que gostaria e que consegue equilibrar entre os momentos de tranquilidade, de convívio com os amigos, a família, o trabalho, outros objetivos e realizações pessoais.

> **O suficiente para mim pode ser pouco para você e muito para o meu vizinho, cada um tem sua régua, sua medida.**

No livro intitulado *Chega de desperdício!*, de John Naish, há muitas histórias e reflexões, das quais quero destacar uma. Numa pequena cidade do interior dos EUA, foi gravado um filme que, adiante, foi bastante premiado em Hollywood. Uma queijaria daquele filme ficou muito conhecida, virou ponto turístico na cidade. Todo o movimento que tinha era em torno da queijaria. Então, a demanda aumentou significativamente e, num determinado dia, um grande empresário perguntou ao dono do estabelecimento: "Por que você não duplica ou triplica a sua produção? Certamente, vai ter demanda, pois mais uma vez eu chego aqui no começo da tarde e já não tem queijo para vender. Você pode crescer bastante com isso." Muito tranquilamente, o senhor respondeu: **"Para mim, já é o suficiente."** Ou seja, não valia a pena aumentar a produção e, consequentemente, trabalhar muito mais, mais contato com fornecedores, aumentar o negócio e perder o tempo que tinha para conviver com a família e a vida tranquila que tinha antes da gravação do filme. O que ele vendia já proporcionava tudo o que ele buscava para a vida. Ou seja, era o suficiente! Ele não teve gana de querer mais. Nós somos estimulados todos os dias a isso. Vivemos num mundo em que palavras como escalável e exponencial estão no dia a dia, foco e meta de boa parte das pessoas, o que certamente pode proporcionar muito, mas tirar bastante também.

Vale a pena, diante de certas situações, se perguntar "será que eu quero mesmo crescer ou o patamar que tenho hoje já é o suficiente?".

> **Elenque as suas prioridades e saiba o que é suficiente para você. Busque esse equilíbrio!**

Certa vez, em uma entrevista que vi de Naish (autor do livro citado), ele destacou que comprar coisas que não duram é tóxico para nossa ecologia pessoal. Destacou também o materialismo que as pessoas vivem, que faz com que elas trabalhem mais, se preocupem mais, quando, na verdade, as pessoas deviam cuidar mais do que tem, procurando acumular menos e desfrutar mais. Excelente reflexão, intrigante!

Na minha visão, o suficientismo anda na pista contrária do consumo desenfreado, pois ele proporciona mais do que o minimalismo, incentiva as pessoas a dedicarem tempo para produzir o que gostam, fazer mais aquilo que as realiza, se focar mais nisso. O suficientismo vive na contramão do materialismo, não prega a ideia de viver com o mínimo, mas de procurar manter o equilíbrio, aquilo que é suficiente para uma vida que nos possibilite realizar sonhos e objetivos. Tudo isso é muito bonito, mas também um grande desafio. É desafiador dizer não às propostas e às oportunidades de ganhar mais dinheiro, de ter mais possibilidades e tudo isso embaça a nossa visão e termina nos ocupando mais, mais tempo no trabalho, mais pressão, tirando o foco do equilíbrio que nos permite viver de uma maneira mais intensa e saudável.

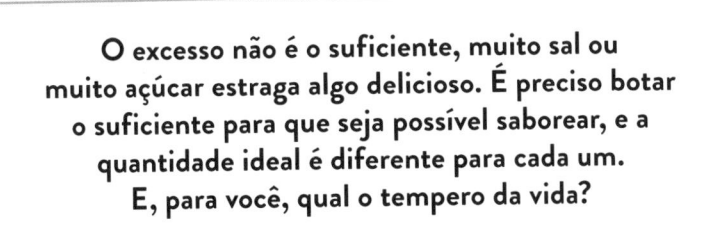

> **O excesso não é o suficiente, muito sal ou muito açúcar estraga algo delicioso. É preciso botar o suficiente para que seja possível saborear, e a quantidade ideal é diferente para cada um.**
> **E, para você, qual o tempero da vida?**

É importante perceber que ter mais não nos faz mais, não nos traz atalhos para a felicidade, pois essa é construída no dia a dia e nem por isso todos os dias serão felizes, e assim também não teria graça.

Com um pouco de reflexão e mudança de atitude vem o crescimento e toda hora é hora de **RENOVAÇÃO**, uma palavra que traz uma missão: o **re**, de fazer de novo, e uma **nova ação**, a busca por mais plenitude e aceitação, redução da insatisfação permanente vivida por muitos de nós.

///////////////
"O 'suficientismo' vem do desafio de praticar, de tentar atingir aquilo que é suficiente para você. Encontrar o equilíbrio, o ponto que você entende que não precisa nem mais, nem menos para ter a vida de que gostaria..."
///////////////

O PRINCÍPIO 80/20 FAZ PARTE DO SEU DIA A DIA E PODE IR ALÉM

Talvez, você já tenha ouvido falar no **Princípio de Pareto**, conhecido também como **Princípio 80/20**. Pareto é um italiano que, desde muito cedo, percebeu que 80% dos conterrâneos eram donos de 20% da riqueza da Itália. Logo, 20% dos italianos detinham a maior parte da riqueza do país, e esse foi o ponto de partida.

Essa é uma medida desproporcional e que se aplica a muitas coisas do dia a dia, em relação ao esforço e ao resultado do que fazemos. Se você observar na sua cidade, por exemplo, provavelmente 80% do trânsito se concentra em 20% das ruas, logo, 80% delas tem um fluxo mais tranquilo. Assim como 80% dos crimes são cometidos por 20% dos criminosos, 80% da cerveja consumida no mundo é tomada por 20% dos bebedores dela.

Estes são apenas alguns exemplos que parecem apenas uma curiosidade, mas é algo que se apresenta em muitas situações, naturalmente, há variações, mas o que sempre me chamou atenção no 80/20 foi o fato de que analisando e mergulhando bem em determinadas questões, é possível perceber oportunidades de fazer mais, ter um melhor resultado com menos esforço.

Na minha realidade, esse princípio também se aplica. Em 80% do meu tempo, uso apenas 20% das roupas que tenho no armário. Desta forma, é possível viver com menos, claro, e assim ter também menos problemas, ser mais produtivo, pois você tem menos opções para escolher e, com isso, termina sendo mais rápido e não perdendo tempo com dúvidas e questões simples. Nesse caso das roupas, reflita sobre a sua situação e quem sabe você consegue um tempinho para arrumar o armário e fazer algumas doações, tendo assim mais espaço e facilidade para deixar tudo arrumado no dia a dia.

Se você observar bem, é fato que a menor parte dos recursos é capaz de produzir a maior parte dos resultados. Para quem tem negócio, pode perceber que 20% dos clientes tomam 80% do tempo da sua rotina ou que 20% dos clientes trazem 80% do seu faturamento.

Ou seja, é um princípio que se aplica a quase tudo nas nossas vidas. A gente tem como buscar um resultado melhor com menos esforço. O ideal é entender o que dá mais resultado e focarmos nele. Não é fácil identificar isso e conseguir direcionar o foco, mas, sim, é possível!

Segundo Richard Koch:

> "O Princípio 80/20 aponta os segredos para se conseguir mais com menos, nos negócios e na vida".

Dessa maneira, conhecendo um pouco mais sobre o 80/20, não tem como se furtar desse princípio para otimizar o seu dia a dia, com o objetivo de maximizar o seu resultado e a gestão do tempo, tendo o foco melhor direcionado. Isto não quer dizer deixar de fazer certas coisas, mas algumas delas você pode delegar, terceirizar, reduzir o tempo que dedica, tudo isso é parte do tal ajuste de foco a que me refiro também.

> A ideia é esta: dedicar mais tempo àquilo que dá mais resultado, dedicar tempo de qualidade ao que lhe traz mais felicidade, realizações e dessa forma ter uma vida mais plena, mais 80/20!

E se você ainda tiver se perguntando como o princípio 80/20 impacta na sua vida financeira, lembre-se sempre: engana-se quem acha que o dinheiro está apenas no bolso ou nos investimentos, ele é também resultado de sua mentalidade, fruto de suas escolhas e daquilo que você busca, do que planta no seu dia a dia.

///////////////
"Se você observar na sua cidade, por exemplo, provavelmente 80% do trânsito se encontra em 20% das ruas (...). Assim como 80% dos crimes são cometidos por 20% dos criminosos, 80% da cerveja consumida no mundo é tomada por 20% dos bebedores dela..."
///////////////

VOCÊ LEVA UMA VIDA FRUGAL?

A o longo dos anos imerso no universo do planejamento e da educação financeira, vi muitas situações, desafios, histórias encantadoras, atitudes equivocadas, escolhas certeiras e tantas, mas tantas outras frágeis e que de fato resultaram em problemas, mas, não por isso, impossíveis de resolver, de aprender, avançar e viver. Mas algo que vejo de forma recorrente é em relação ao padrão de vida, é muito comum mesmo ver as pessoas vivendo acima de suas possibilidades.

> E isso penaliza a vida da pessoa, pois viver um padrão de vida acima do que pode, significa que você está se endividando ou queimando reserva e, claro, pavimentando um caminho mais desafiador para o seu futuro.

Essa é a razão pela qual estou aqui para falar sobre uma vida frugal, termo desconhecido por muitos e que trago para você. Ter uma vida frugal é ter uma vida em equilíbrio, sem esbanjar ou ser extravagante com suas coisas do dia a dia, econômico, poupador, mas não no sentido de ser "pão--duro", mas, sim, planejado, cauteloso, e não só quanto ao dinheiro, mas quanto ao uso do tempo, do consumo, fazendo acontecer dentro das suas possibilidades.

E não tenha dúvidas, uma vida frugal pode levá-lo mais longe, no sentido de longevidade financeira e tranquilidade, e isso traz uma adequação, que, como falei mais acima, em nosso país, hoje está pouco presente. Para isso, é importante você conhecer e reconhecer bem suas condições, viva abaixo dos seus meios e tenha uma conta mensal de obrigação, referente ao valor que você deve poupar a cada mês, considerando como uma "despesa fixa", tal como a conta de energia, internet. Eu posso lhe assegurar que isso muda a dinâmica da vida financeira de uma pessoa.

Não deixe de lado a qualidade, muitos se enganam pensando que uma vida frugal foca o menor preço apenas, mas isso pode resolver o agora e trazer problemas adiante, por isso o olhar para a qualidade é relevante. Não deixe passar oportunidades de cupons e descontos, porém não faça isso de forma aleatória, lembre que é uma oportunidade somente se for algo de que você realmente precisa. Em alguns casos, comprar coisas usadas pode resolver o que você precisa, claro, analise e seja coerente. Vejo muita gente que não faz orçamento para consertar as coisas que quebram, simplesmente compram novas. Não estou dizendo que vale a pena consertar tudo, mas vale a pena pesquisar e analisar.

Existe ainda a real possibilidade de vender coisas que você não usa e que podem ser muito úteis para alguém. E não posso deixar de falar do escambo. Sim, há coisas que você pode trocar. Para muitos, pode parecer surreal, mas conversando com um casal de amigos fiz uma ótima troca de um item que eles tinham e não estavam usando e que é bastante útil na minha casa, por um item que nós tínhamos e também não estávamos usando.

Compre por necessidade ou, claro, aquilo que realmente você viu que lhe agrega ou se planejou, mas não compre à toa, de forma compulsiva ou por hobby.

Certo dia, postei no meu Instagram (@personalfinanceiro) um vídeo que trazia um pouco da história daquele que é considerado por muitos um dos maiores investidores de todos os tempos, o norte-americano Warren Buffett. No vídeo, são apresentadas as conquistas, os hábitos e algo mais sobre a vida dele, e naturalmente surgem alguns comentários em relação ao estilo de vida levado por Buffett, um estilo de vida frugal, escolha dele. E, claro, entendo aqueles que dizem que, com o dinheiro que ele tem, levariam uma vida diferente, são escolhas. O que reforça que a riqueza por si só não está no dinheiro, não apenas nele, mas no comportamento, nas decisões que tomamos no dia a dia, e isso nos faz plantar hoje, e a depender desse plantio, a colheita nunca acabará.

Por isso, vale a reflexão e a compreensão, um padrão de vida adequado livra a pessoa do endividamento, que, por sua vez, livra de tantas outras consequências desagradáveis, e isso pavimenta o caminho para mais conquistas e realizações, bom mapa para aqueles que procuram a liberdade financeira. Não é difícil refletir e imaginar o que seus investimentos precisarão gerar no futuro para subsidiar o seu padrão de vida. Se você tem despesas mais equilibradas, não precisará ser algo astronômico e, com isso, você amplia a sua possibilidade de atingir a sua independência financeira, que, por sua vez, exige vários ingredientes, requer um longo prazo e muita paciência, mas não tenha dúvidas que o que você leu agora aqui é parte do caminho que pode contribuir seriamente com essa construção.

////////////////
"(...) um padrão de vida adequado livra a pessoa do endividamento, que, por sua vez, livra de tantas outras consequências desagradáveis, e isso pavimenta o caminho para mais conquistas e realizações, bom mapa para aqueles que procuram a liberdade financeira."
////////////////

O SUPERMERCADO E AS SUAS COMPRAS COMO VOCÊ NUNCA VIU!

Certo dia, Diego estava fazendo compras com a mãe dele e ela identificou um item que sabia estar mais barato num outro supermercado. Não teve dúvidas, se mandou para lá! E, ao chegar ao outro supermercado, após pegar quase 30 minutos de trânsito, o tal queijo já tinha acabado e eles tiveram que voltar para o supermercado em que estavam, o que tomou mais 30 minutos no trânsito.

Você já se deparou com alguma situação parecida? A diferença de preço no queijo era cerca de R$ 10, mas será que o tempo adicional perdido no deslocamento, além do tempo no outro supermercado e o combustível, realmente valia a pena para tamanha manobra?

Isso acontece todos os dias nas mais diversas famílias brasileiras, que comemoram as economias realizadas, o que é positivo, mas que, muitas vezes, são impensadas, nem tão interessantes financeiramente falando, mas bem atrativas emocionalmente, filosoficamente pensando. Na prática, muitas vezes, não faz sentido, a economia vem de uma forma visual, direta, mas nem todos analisam o esforço, o tempo despendido e o transporte para essa "conquista". Hoje, existem formas de se fazer uma pesquisa inteligente de preços a fim de evitar essas idas e vindas. Até porque não faz sentido pesquisar o preço mais baixo para cada item, e sair rodando a cidade atrás de cada um deles.

Recentemente, precisei comprar um remédio que era um pouco mais difícil de encontrar e usei o aplicativo Menor Preço (disponível para alguns estados brasileiros), que lista a partir das notas emitidas o preço e a localização do item (alimentos, bebidas, remédios e outros). Existem outros aplicativos parecidos que facilitam a nossa vida, vale ficar de olho.

Aquilo me possibilitou não só ir de forma certeira à farmácia que tinha o item, como procurar de acordo com os melhores preços listados. Antes, telefonei para confirmar se o item ainda estava disponível, horário de funcionamento e endereço, algo básico para não dar viagem perdida. Ninguém vai fazer uma feira completa se valendo de um aplicativo como esse, porém, para itens mais específicos ou de valor mais alto, faz bastante sentido uma pesquisa mais detalhada que favoreça o seu bolso. Fica a dica!

Há o pensamento correto de que se priorizarmos a compra dos itens à venda pelo preço mais justo, ou seja, ao ver um item com preço realmente acima da média do supermercado, adiar a compra ou comprar em outra oportunidade, em outro local, os estabelecimentos que não venderem, por terem esse preço mais alto, ficam com o estoque cheio, produtos encalhados e se sentirão pressionados a apresentar um preço mais competitivo ou até mesmo promoções, por isso existe um sentido lógico na preferência pela compra por preços menores. E aí o planejamento e o conhecimento vêm à tona de forma mais ampla.

Vem no sentido do planejamento de que, se você conhece o preço, a rotina de promoções dos estabelecimentos (supermercados e feiras) perto de você, e alternativas mais adequadas à sua realidade, é possível estabelecer um processo de compra mais eficaz.

Fazendo, por exemplo, de acordo com a sua realidade, a compra maior do mês, que inclui material de limpeza entre outros itens, num atacado ou em qualquer estabelecimento que seja do seu conhecimento, com os melhores preços, deixando os itens semanais ou quinzenais, tal como frutas e verduras, a depender da sua dinâmica, para serem comprados em locais mais próximos de casa ou em algum local que faça parte do seu percurso e que apresente preços mais justos.

> É importante ter em mente que, quanto menos vezes você for ao supermercado, menos exposto estará às tentações do ambiente. Afinal, quanto mais vezes você entrar nele e tiver com o carrinho à mão, passará por mais corredores e gôndolas, e com isso verá mais promoções e cairá mais na tentação de pegar itens supérfluos. Portanto, menos idas, menos exposição e mais adequação, é nisso que acredito.

Aqui falamos de compras, consumo, comportamento, de escolhas e atitude, de que você, eu, nós, consumidores, precisamos nos proteger. O comércio é cheio de metas e o marketing ávido pelos gatilhos, por criar necessidades, tudo isso tem a força de impactar no seu bolso. Observe que a própria disposição de um supermercado é orientada para o consumo.

A entrada, não só por questões de segurança, mas também de fluxo, direciona o público para o mesmo lugar. Geralmente, começa em seções com itens supérfluos e que não são prioritariamente procurados, entre eles, eletrodomésticos, eletrônicos, roupas, brinquedos. E os itens mais procurados nesses locais, normalmente, estão lá no fim de tudo, de forma que obrigue o consumidor a percorrer todo o supermercado, chegando aos itens essenciais já com o carrinho mais cheio do que o planejado, com alimentos e itens que nem sequer estavam na lista (isso para quem faz uma lista, o que para muitos acho bem válido).

> E se a lista for pequena, que tal pegar uma cestinha em vez de um carrinho? Isso limita o espaço físico, e, o desconforto de levar a cesta de um lado para o outro, o faz rodar apenas o necessário e agir de forma mais objetiva.

E se você for comprar apenas um ou dois itens, para evitar tentações, pode até mesmo levá-los na mão, dificultando, reduzindo assim a possibilidade de comprar mais do que precisava, vale a alternativa.

São muitos pontos, subjetividade que no calor do dia a dia não costumamos refletir, e que muitas vezes impactam no nosso mês, no orçamento e no desequilíbrio de tantas pessoas.

É necessário entender que o dinheiro não está só no bolso, no banco, na corretora, nos investimentos ou nas dívidas, mas no nosso comportamento, nas nossas atitudes e escolhas. Por isso, podemos evoluir sempre, identificando nossos pontos fracos, as oportunidades de melhoria e não se entregando.

> **Lembro da conversa que tive com Thiago, um cliente que não perdia uma promoção do tipo "PAGUE 2, LEVE 3!"**

Mas ele não percebia que, muitas vezes, ele só precisava comprar 1, mas terminava comprando dois para se sentir bem e que teve vantagem ao ganhar o 3º.

A verdade é que, assim como Thiago, muitos não refletem bem, pois ao comprar mais, naturalmente ficam com menos dinheiro. Para quem tem as contas mais justas, apertadas, isso não é legal, fazer estoque de itens nem sempre é algo vantajoso, pois apesar de permitir ter mais daquele produto em casa, é um fator que também descapitaliza, deixa a pessoa com menos dinheiro disponível para o resto do mês.

E exemplos quanto a isso não faltam, é encher o tanque de combustível quando já não tem dinheiro na conta e a fatura do cartão já está bem alta. Será que vale botar um pouco menos de combustível, enquanto mais dias passam, a fatura fecha e o novo salário cai na conta?

Esse é apenas mais um exemplo que serve como base para que você analise outras situações e as escolhas que vem fazendo. Vale a reflexão!

> "É importante ter em mente que, quanto menos vezes você for ao supermercado, menos exposto você está às tentações..."

CARRO: TER OU NÃO TER, EIS A QUESTÃO

DESPESA	COMPRAR	ALUGAR	APLICATIVO
SEGURO	✓	✗	✗
IPVA	✓	✗	✗
MANUTENÇÃO	✓	✗	✗
REVISÃO	✓	✗	✗
COMBUSTÍVEL	✓	✓	✗
ESTACIONAMENTO	✓	✓	✗
DESVALORIZAÇÃO	✓	✗	✗
OUTROS CUSTOS	✓	✓	✓

Observando bem o quadro acima, o que vem à cabeça?

> De pronto, acho fundamental dizer que não trago uma conclusão e receita pronta do que é melhor! É apenas uma provocação para que você reflita, mas a decisão é individual e depende da realidade, necessidade, rotina e do gosto de cada um. Faça sua escolha e esteja seguro dela.

Mas antes disso, venha comigo nas próximas linhas.

É isso que gostaria de provocar hoje, e leve isso adiante, converse com quem estiver perto, tire foto e compartilhe a imagem anterior com quem você acha que precisa vê-la e peça a opinião, reflita, e sem paradigmas ou "pré-conceitos", pense como seria se você estivesse numa situação diferente em relação a ter ou não carro, eis a questão.

> Se você tem, imagine como seria caso não tivesse; se você não tem, imagine como seria se você tivesse. Você se sente tranquilo em relação à sua escolha, ou ao formato atual?

Há casais que têm dois carros e não cogitam nada diferente dessa realidade, outros têm apenas um carro e consideram o suficiente, pois tudo flui com tranquilidade, outros que, na mesma situação, vivem em pé de guerra. A verdade é que não há uma regra. Concorde ou não com os pontos da imagem anterior, é perceptível a mudança que vem acontecendo em relação a isso, desde a chegada e o crescimento dos transportes por aplicativos, a mudança em nossa economia, com a tendência, a realidade posso dizer, da chamada economia de acesso, na qual as pessoas não priorizam a posse, mas o acesso ao que precisam usar, sem a necessidade de ter.

> **Tudo isso gera facilidade e praticidade, mudanças em nossa economia, em que vimos o impacto nos espaços de trabalho com os *coworkings*, os *colivings*, as bicicletas compartilhadas e tantos itens mais, de forma que se torna cada vez menos atrativo para muita gente, pelas mais diversas razões, ter um carro.**

Porém, na contramão disso, existem os apaixonados por carro, e também as pessoas que em sua rotina, efetivamente, precisam de um, assim como pessoas que nem precisam, mas não abrem mão, e nem por isso, claro, estão equivocadas, é o direito de escolha, do conforto e da comodidade de cada um. Porém, o que trago aqui é a provocação quanto à real necessidade.

> **Mais uma vez, trata-se de escolhas, mas vale a percepção de que ter um carro ou mais de um sem precisar pode estar inviabilizando outros planos, como, por exemplo, ter a reserva de emergência, estar sem dívidas, fazer a viagem dos sonhos ou estar, desde já, investindo para o futuro.**

Em pesquisas recentes, evidenciou-se que está caindo fortemente o número de jovens que tiram a habilitação e, com o tempo (aqui no Brasil creio que um bom tempo), isso deve se tornar desnecessário, devido aos veículos autônomos e à tecnologia que já desponta nos países mais desenvolvidos, em fase adiantada de testes.

Vimos a tendência dos carros por assinatura, que hoje estão sendo disponibilizados não só pelas locadoras, mas também pelas próprias montadoras. Tudo isso acirra bastante o mercado e quem ganha é o consumidor, o usuário, que passa a ter mais alternativas e, sendo inteligente, analítico, pode ver a melhor opção para a sua rotina, necessidade, realidade e seu bolso. E essa melhor opção escolhida hoje pode mudar, tenha tranquilidade quanto a isso, pois cada fase da vida pode apontar para um formato mais adequado, por isso viva, escolha, teste, analise sem medo de ser feliz e de mudar, se necessário.

> **Isso, certamente, fará, num futuro não tão distante, a habilitação (CNH) tão desnecessária e irrelevante quanto um certificado de datilografia nos dias de hoje.**

Lembro de ter visto numa pesquisa, há alguns anos, que 50% das pessoas que tinham carro poderiam viver muito bem usando táxi/transporte por aplicativo. Mas, desses 50% que poderiam viver essa facilidade, 80% não topavam, devido à comodidade de ter o carro. Mais uma vez, são escolhas. Não entenda com isso que usar mais táxi/aplicativo no dia a dia é a oitava maravilha do mundo, ledo engano. Em horários de pico, as corridas ficam mais caras, há mais trânsito, demora, cancelamentos por parte dos motoristas e por aí vai!

Além de que, com o passar dos anos e com as mudanças em relação ao preço dos combustíveis, da política de remuneração dos aplicativos e também da legislação quanto a eles, essa realidade toda ainda não se mostra algo tão sólido. Com o passar dos anos, esse formato deve amadurecer, passar por mudanças e adequações de forma que seja possível perceber por parte de quem presta e de quem usa o serviço, o quão interessante e vantajoso ele realmente é.

Como disse antes, não há um padrão, uma regra, portanto, reflita quanto ao seu cenário atual e as suas necessidades. Se você optou por não ter carro, lembre-se de que numa semana de mais correria ou que vai viajar, você pode alugar um. E muitos veem na possibilidade de não ter carro, ou ter apenas um e não dois, o custo de oportunidade, tendo em vista que esse dinheiro pode estar investido.

São inúmeros pontos de vista, tire suas conclusões, discuta, troque ideias, analise, reflita e avance!

"Como disse antes, não há um padrão, uma regra, portanto, reflita quanto ao seu cenário atual e as suas necessidades. Se você optou por não ter carro, lembre que numa semana de mais correria ou que vai viajar, você pode alugar um."

DINHEIRO E FELICIDADE: QUEM COMPRA QUEM?

Sempre que se fala de dinheiro e felicidade encontramos uma série de opiniões divergentes. Ao longo do tempo, encontrei uma palavra que simboliza parte significativa do que, na verdade, o dinheiro também traz, mas essa palavra você encontrará mais adiante, antes vamos visitar outros pontos. Com base no que tantos dizem por aí, analise, reflita e reveja ou, caso não tenha, vá criando as suas fronteiras e os seus territórios em relação ao tema.

> "Dinheiro não compra felicidade, mas estar triste e chorando em Paris é bem melhor do que em casa."

São tantas colocações a respeito do dinheiro, que termina por deixar muitos na dúvida e tantos outros ainda mais seguros do que pensam, seja contra ou a favor do poder e do que mais o dinheiro proporciona, e que nem sempre é algo positivo. E cada um se apega aos fatos que convém, que mais se alinham aos seus valores e ok, sim, acredite, está tudo bem, pois a opinião acerca disso não precisa ser unânime, muito pelo contrário, ela é verdadeiramente bem divergente.

É preciso ter cuidado para não romantizar a falta do dinheiro, nem enaltecer apenas o que ele permite ter, materialmente falando, pois, na verdade, não precisa muito para perceber que as possibilidades vão bastante além disso.

Efetivamente, o dinheiro está longe de ser tudo, mas é essencial para que as suas refeições não dependam dos outros, podendo fazer isso de forma saudável e nos momentos adequados. Com ele, é possível viajar e conhecer um pouco mais da região em que você vive, das diferenças culturais ou mesmo partir para outros países, viajando com um pouco mais de tranquilidade, seja lá qual for o destino. Com dinheiro é possível ter uma vida um pouco mais confortável, pois ele pode até não comprar a felicidade, mas possibilita ter uma casa para viver com quem você ama.

Certo dia, vi algo circulando por aí no qual uma pessoa jovem questionava a mais velha quanto ao que adiantava ter dinheiro para usar na velhice e a resposta foi de impacto e real, algo como: "Serve para você não depender dos filhos nem de hospital público, podendo pagar um bom plano de saúde e cuidadores ou um asilo para o seu dia a dia."

Dinheiro realmente não nos garante uma longevidade maior, mas nos traz meios e possibilidades de cuidar melhor da saúde enquanto jovens, mas, claro, isso não depende só do dinheiro, mas da atitude e do interesse de cada um, pois é incalculável o número de jovens com vários problemas de saúde, simplesmente porque não se cuidam, não dedicam um tempo para esses cuidados hoje, e fatalmente precisarão fazer isso com mais gastos no futuro.

O dinheiro, quando mal interpretado e percebido, causa muitas brigas familiares, é irmão cortando laços por causa dele, casamentos acabando, mas vi também pais se sacrificando um pouco mais para usá-lo da melhor forma, oferecendo para seus filhos uma escola de qualidade.

Não estou aqui exaltando o dinheiro, e a sua opinião ou percepção pode ser diferente, mas você há de convir que o dinheiro traz **facilidades**, e essa palavra simboliza bem parte significativa do que o dinheiro também traz, como introduzi na página anterior.

O dinheiro não compra a vida, o dinheiro não compra o amor, o dinheiro não compra a saúde, o dinheiro não compra uma lista gigante de itens, disso não tenho dúvidas, nem nunca me iludi que ele fosse o meio para tudo, absolutamente, não.

Num mundo capitalista e consumista como o que vivemos, frequentemente, vemos ser passada a ideia de que o dinheiro traz felicidade e, em muitos casos, muito dinheiro, e isso faz com que muitos corram incessantemente atrás dele.

O que percebi também ao longo do tempo é que muito do que realmente precisamos é possível encontrar nas coisas simples da vida, e quem pode nos ensinar, mostrar isso da melhor maneira, são as crianças.

Os adultos dão os presentes e, no começo da vida, o que chama mais atenção é a embalagem. Os adultos dão, em muitos casos, roupas de marca, que para a criança não significam nada. Projetam nelas os seus desejos e planos, e disso é necessário se vacinar e entender que ali é outra vida, outra história. Com o dia a dia, um passeio no parque, um picolé na calçada, uma manhã de praia, um filme juntinhos no sofá, uma brincadeira de pega... aí mora a felicidade, a base.

Bonito, romântico, real, mas infelizmente não basta, o dinheiro faz parte, sim, é necessário. Vou além, e por isso estou aqui, independente se você ganha muito ou pouco dinheiro (até porque quem define se é muito ou pouco é você, baseado em alguma referência que tenha), o importante é saber cuidar bem do que tem, administrar de maneira saudável, planejando-se de forma eficaz.

Certamente, você que já chegou até aqui está com a mente, com a visão mais aberta e rica, com mais conhecimento em relação ao mundo do dinheiro e tudo que o rodeia, comportamento, detalhes, conhecimento, planejamento, dívidas, psicologia, investimentos, organização, família, sonhos, ferramentas e mais do que ainda vai ver a seguir.

Por isso, busque sempre o equilíbrio, de forma que lhe permita estar firme em relação aos **quatro pilares** que vimos anteriormente, pois a manutenção deles o manterá na trilha da prosperidade e com a saúde financeira em dia.

Viva, use e abuse das coisas simples da vida, e também do dinheiro que você dispõe, de forma inteligente para o seu dia a dia, para o seu amanhã e daqueles que compartilham essa jornada com você.

///////////////
"Serve para você não depender dos filhos nem de hospital público, podendo pagar um bom plano de saúde e cuidadores ou um asilo para o seu dia a dia."
///////////////

47

NÃO NEGATIVE A SUA VIDA PROFISSIONAL POR CAUSA DO DINHEIRO

Ao longo dos últimos anos, tenho visto com ainda mais frequência pessoas que vêm tendo grande impacto na vida profissional por conta das finanças, e com a saúde financeira abalada, as consequências, como sabemos, não afetam só o lado profissional, mas é isso que vou focar a seguir, esperando que você não esteja vivendo essa fase e, sendo assim, também blindado para jamais vivê-la. Se está passando por essa fase, levante a cabeça e saiba que, sim, ela vai passar, mas isso depende muito de você e das suas atitudes, das suas escolhas. Mente forte hoje e amanhã, e pronta para encarar os momentos mais avassaladores. Não, isso não é fácil, eu sei, não por experiência própria, mas por ter vivido com muitas pessoas vivendo essa **fase**, e também vendo que muitos saíram dela e viraram o jogo, e logo no começo do livro eu trouxe alguns passos realmente preciosos para ajudar quem quer sair do endividamento de uma vez por todas. Afinal, viver isso é ver várias facetas da vida em apuros, inclusive a profissional como trago na sequência.

Alguns anos atrás, num jantar, um grande amigo me falou uma frase que, de fato, é marcante, levo-a para a vida e, claro, já aproveito para compartilhar aqui com você:

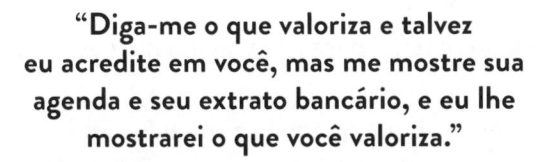

> "Diga-me o que valoriza e talvez eu acredite em você, mas me mostre sua agenda e seu extrato bancário, e eu lhe mostrarei o que você valoriza."
>
> Peter Drucker

Os seus hábitos têm o poder de falar muito sobre a sua vida em diferentes áreas.

A pessoa que vive problemas financeiros tem uma possibilidade maior de ver a sua vida profissional afetada, pois problemas assim podem impactar de forma negativa no trabalho, e tem alguns pontos característicos que levam a esse descontrole:

- Não pagar as contas em dia.
- Uso descontrolado do cartão de crédito.
- Gastar de forma descontrolada, percebendo no fim do mês que enfiou o pé na jaca.
- Dificuldade para pagar as despesas fixas e básicas do dia a dia.
- Empurrar as contas de hoje para pagar com o dinheiro do mês que vem.
- Parcelar as compras na esperança de que alivie as coisas.
- Não saber dar um basta e continuar gastando, sem tentar mudar.

É notório que problemas financeiros, independente do nível, prejudicam a vida pessoal, familiar, a saúde e também a vida profissional. Mantendo o foco neste último âmbito, as consequências mais comuns são:

- Baixa produtividade.
- Dificuldade no relacionamento com os colegas de trabalho.
- Redução acentuada da atenção nas atividades.
- Atrasos.
- Queda na confiança e na autoestima.
- Mais estresse e impaciência com a rotina de trabalho.

- Perda de prazos.
- Menos engajamento, envolvimento com os deveres.

A consequência é que quando se trata de alguém que trabalha direto com o cliente final, o mal atendimento devido a um ou vários dos pontos acima passa a afetar também a imagem da empresa.

Em geral, pessoas com problemas financeiros, sejam eles quais forem, se não tiverem um bom suporte e uma boa orientação, tendem a ter problemas também em casa, fechando um circuito crítico e de peso na vida pessoal, familiar e profissional, o que termina por afetar, consequentemente, a saúde do indivíduo, agravando cada vez mais a situação.

Nada dura a vida toda, é totalmente possível mudar, e já participei da virada de jogo de centenas de pessoas que viviam essa realidade, mas não posso negar, é uma fase que exige muito equilíbrio, organização, análise e frieza para que o problema não se agrave.

> Infelizmente, poucos se dão conta de que a situação no emprego pode ficar mais crítica, e que se não for possível seguir na empresa, o problema financeiro tende a potencializar.

Lembre-se sempre: aquilo que deseja para sua vida daqui a dois ou três anos, você está plantando **AGORA**! Portanto, o que você vive hoje é a colheita de muito do que foi plantado alguns anos atrás. Por isso, não vale perder muito tempo lamentando os problemas atuais, mas vale muito se dedicar e agir, procurando meios de reorganizar as coisas, antes que elas piorem em meio às lamentações pelo que se está vivendo.

E ao escrever tudo isso, lembro da situação de Renato, que chegou a um acordo com a empresa que trabalhava e acreditava na possibilidade de melhorar a situação financeira aproveitando o valor que teria da rescisão, FGTS e do seguro-desemprego. E de imediato o valor recebido tampou vários buracos, proporcionou uma falsa sensação de tranquilidade, que não durou mais que dois meses. As despesas continuaram a ser feitas, num ritmo menor do que antes, porém elas se juntaram com o que tinha parcelado do cartão de crédito e também com as despesas fixas do mês a mês, e logo veio o desespero, pois o salário já não caía na conta a cada mês e a projeção era assustadora. A atitude não foi pensada como deveria, e a escolha não o favoreceu, o problema tinha o potencial de se agravar.

Gosto de falar sempre sobre esse ponto que considero essencial para quem está atravessando dificuldades financeiras, a mentalidade, a necessidade de mudar, perceber no que se meteu, e o que o levou a isso não foi a falta de dinheiro, mas as escolhas que foram feitas, e elas são a base para muito do que nos acontece.

Por isso, destaco, manter as finanças em dia não fala de riqueza, não fala de milhões, fala de ser financeiramente consciente, de ter equilíbrio e de não fazer mais gastos do que se deve. A partir disso, dificilmente a pessoa se envolverá nos problemas que vêm como consequência das escolhas que levaram à falta de dinheiro.

Certamente, você lembra dos **quatro pilares** fundamentais para a longevidade da sua saúde financeira, não é mesmo? De toda forma, vale destacar mais uma vez logo abaixo:

- Gerar Renda.
- Gastar Bem.
- Poupar Mais.
- Investir Melhor.

No longo prazo, quem dita o tom da vida financeira de uma pessoa não é o quanto ela ganha, mas a forma que gasta e o que realmente prioriza no dia a dia, como pudemos ver no começo dessa história, de acordo com o que falava o meu amigo naquele dia, naquela frase preciosa de Peter Drucker, e que vale a pena destacar novamente.

///////////////

"Diga-me o que valoriza
e talvez eu acredite em você,
mas me mostre sua agenda
e seu extrato bancário,
e eu lhe mostrarei o
que você valoriza."

Peter Drucker

///////////////

MOEDA ESTRANGEIRA: O QUE IMPACTA NA COTAÇÃO E QUAL O MELHOR MOMENTO PARA A COMPRA?

Uma dúvida bastante comum, que tem sido recorrente e sempre tenho amigos, familiares, clientes e pessoas por meio das redes sociais perguntando, é em relação à compra de moeda estrangeira. Qual a melhor hora para comprar? Qual seria uma boa estratégia? O que impacta, influencia na cotação?

Na verdade, não temos como prever se o dólar vai cair ou subir, e se o euro vai seguir a mesma linha. Nenhum economista, funcionário da casa de câmbio, assessor de investimentos, educador financeiro tem como lhe dar essa previsão certeira, posso lhe assegurar isso. Mas é importante entendermos alguns fatores que influenciam na oscilação da moeda.

O câmbio flutuante é um dos fatores que interfere. No Brasil, o Governo não tem influência, ele não determina o valor da moeda. Esse câmbio varia muito mais de acordo com a oferta e demanda, com a procura da moeda no país. O Governo pode atuar de forma direta por meio de leilões de compra e venda da moeda, de acordo com os interesses, com o Banco Central e as políticas econômicas.

As crises financeiras internas e externas impactam diretamente na oscilação da moeda. O Brasil, como país emergente, é muito sensível a todo e qualquer reflexo do que acontece dentro e fora dele. Seja o clima de tensão na Europa ou entre os EUA e a Coreia do Norte, a guerra comercial entre os EUA e a China, tudo isso influencia no câmbio da moeda.

Em momentos de instabilidade, como de tempos em tempos vemos no Brasil, o investidor estrangeiro ainda não se sente seguro para investir aqui e avalia de forma criteriosa o risco do Brasil. Por outro lado, se a taxa Selic cai, os investimentos da renda fixa ficam menos atrativos, isso aliado à grande desvalorização do Real, fortalece a decisão de retirada de muitos investidores estrangeiros, realizando assim um ganho considerável e mexendo justamente com a grande demanda de moeda estrangeira em nosso país.

O último ponto que trago é o cenário político no país, que naturalmente influencia nos fatos, na economia e na moeda. Vemos, então, que é importante se planejar, isso é sempre fundamental para quem quer comprar moeda estrangeira e viajar.

Agora, vou partir para algumas dicas práticas que você deve observar na hora da sua compra, tanto para dólar quanto para euro:

- Pesquise e faça a cotação da moeda em pelo menos três casas de câmbio.
- Se vai viajar com um grupo de amigos, é interessante juntar o valor que cada um vai comprar para que tenham mais poder de barganha e **negociem** no volume da moeda a ser comprada.
- Compre a moeda aos poucos, uma quantia a cada mês até a data da viagem. Divida o valor total que pretende comprar pelo número de meses e compre a mesma média mês a mês.

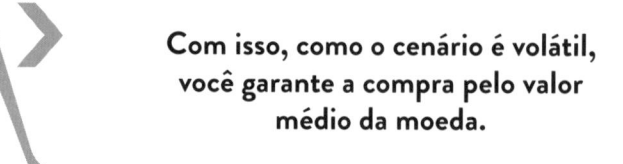

> Com isso, como o cenário é volátil, você garante a compra pelo valor médio da moeda.

As dicas citadas servem para qualquer momento, antecipem-se, planejem-se, corram atrás e boa viagem!

///////////////
"Compre a moeda aos poucos, uma quantia a cada mês até a data da viagem. Divida o valor total que pretende comprar pelo número de meses e compre a mesma média mês a mês."
///////////////

49

QUEM ESTÁ ENDIVIDADO PRECISA DE...?

Emprestar dinheiro para amigos e familiares é um gesto aparentemente nobre e salvador, não é mesmo? É difícil ver uma pessoa querida numa situação apertada, financeiramente difícil, receber o pedido de socorro e dizer "**NÃO**".

De fato, não é nada fácil, e isso eu tenho conhecimento de causa, já emprestei dinheiro para pessoas diferentes, desde novo, e não vi a cor do dinheiro de volta.

E para cobrar, como é que fica? No meu caso, não ficou, já dei "perda total" há longos anos.

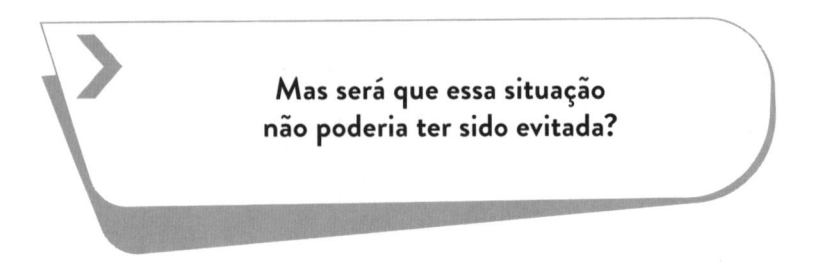

> Mas será que essa situação não poderia ter sido evitada?

Sim, certamente, poderia, mas eu não tinha a cabeça e a maturidade que tenho hoje, e apesar do coração mole, para algumas coisas já fiz a blindagem, entre elas, esse negócio de emprestar dinheiro e não só ele, mas também emprestar o cartão de crédito.

Posso falar um pouco de Priscila, que fez um empréstimo consignado no nome dela para um valor que o pai pediu, e ele se comprometeu a pagar no mês a mês, o que só aconteceu por um ano, em todos os outros o peso e o aperto de uma parcela mensal na ordem de R$ 2.000 ficou nas costas dela, uma mordida significativa no salário e uma situação super desagradável com o pai, que apesar disso, seguia vivendo bem, tendo feito viagens para um país da América do Sul e também para os Estados Unidos.

Imaginem só a situação! O que dizer? Como cobrar? O que fazer?

Vamos lá, não para por aí. Se você ainda não lembrou de algum caso em que se envolveu ou que ouviu alguém falar, logo deve vir alguma história à cabeça.

História como a de Guilherme, cliente antigo, que me procurou preocupado, pois tinha emprestado um cartão para um grande amigo, com a promessa de devolver no mês seguinte, porém, um ano já havia passado e os problemas estavam aumentando. Depois de passar um mês, o amigo tinha pedido para ficar por mais alguns meses com o cartão, com a promessa de pagar a fatura em dia, e isso aconteceu até mais ou menos o 6º mês. Depois disso, a situação começou a se enrolar, uma fatura foi paga de forma parcial, a seguinte foi paga pelo valor mínimo e a partir daí veio o parcelamento da dívida, juros em cima de juros e mais faturas sendo pagas a cada mês pelo valor mínimo. Guilherme estava com o nome negativado e recebendo ligações de cobrança diariamente. Estava realmente desesperado e sem saber como falar com o amigo, acreditem!

Diante de situações como a de Priscila e a de Guilherme, o que você faria?

A verdade é que empréstimos assim podem mesmo parecer algo nobre, salvador. Podem terminar de forma tranquila, com o acordo cumprido conforme combinado, e podem ocasionar situações como as que você viu anteriormente e tantas outras que tenho conhecimento e podia compartilhar aqui, até mesmo como as que vivi, em que o final é de prejuízo financeiro e desgaste natural da relação.

Pergunto-lhe, então:

> **Como você reagiria ao pedido de empréstimo de um amigo ou familiar?**

A decisão é sua, entendo perfeitamente que há casos e casos, pessoas e pessoas, mas confesso que não é uma situação fácil, nem tão agradável. Ao decidir emprestar, pois, sim, isso pode acontecer e não é um crime, saiba que ali há um risco além do financeiro.

Há casos que pode ser melhor você dar o dinheiro a fim de evitar a decepção, porém, claro, isso não é nada educativo, afinal, como escutei certa vez do meu colega Fly Vagner: "Quem está endividado não precisa de dinheiro, precisa de educação financeira."

Acredito que, por isso, certa vez, uma cliente presenteou uma amiga sua com o meu trabalho, pois já havia feito um empréstimo um tempo antes e a situação não tinha mudado. Achei incrível e bem pensado, esse, sim, um gesto verdadeiramente nobre e de amizade, uma tentativa de prevenir novos problemas e tratar os já existentes.

Diante de situações assim, vale ajudar orientando a pessoa, procurando entender melhor a situação, ou mesmo ajudando na busca por empréstimos com juros menos pesados, e, claro, para evitar constrangimento, dizer que está com o dinheiro em investimentos que não consegue tirar até tal ano. Vale mesmo aplicar, falar sobre muito do que você viu até aqui nas páginas anteriores, além de direcionar para tudo mais o que ofereço nas minhas redes sociais, canal do YouTube, podcasts, muito conteúdo gratuito, além de cursos e mais, material que tem impactado milhares de pessoas nos mais diversos lugares.

Para finalizar, outro caso interessante foi o de Adriano, que deu a mão para ajudar o irmão, que, por sua vez, não se abriu. Certo dia, o irmão, funcionário público, ligou e falou das dificuldades, despesas, da fatura alta do cartão e perguntou se Adriano podia pagar, e até o fim do ano ele devolveria o dinheiro. Adriano de pronto aceitou, mas com a condição de que ele enviasse uma planilha com o orçamento do mês seguinte preenchida e a foto do cartão de crédito cortado, pois não era a primeira vez que algo do tipo acontecia.

E aí, o que você acha que aconteceu?

Cri cri cri cri...

Até hoje, o irmão de Adriano não tocou mais no assunto.

Por isso, reforço...

////////////////
"Quem está endividado não precisa de dinheiro, precisa de educação financeira."
////////////////

LIBERDADE ×
INDEPENDÊNCIA FINANCEIRA:
VOCÊ BUSCA UMA DELAS?

Certamente, você já ouviu falar nestes dois termos: liberdade financeira e independência financeira. Mas muita gente confunde os conceitos, ou mesmo tem uma visão diferente. No fim das contas, o que importa é uma coisa, mas falo sobre isso lá no final.

Realmente, tem muita similaridade entre os dois termos, o que dá margem para diferentes percepções, interpretações e definições. Vou explicar melhor com base nas minhas considerações, para que você reflita e, quem sabe, se identifique buscando para a sua vida o que é mais interessante para você, seja a liberdade, a independência ou tantos outros caminhos felizes, justos e válidos que existem.

Liberdade financeira, para mim, é quando somos livres, por exemplo, na vida profissional temos a liberdade de escolher em que vamos trabalhar.

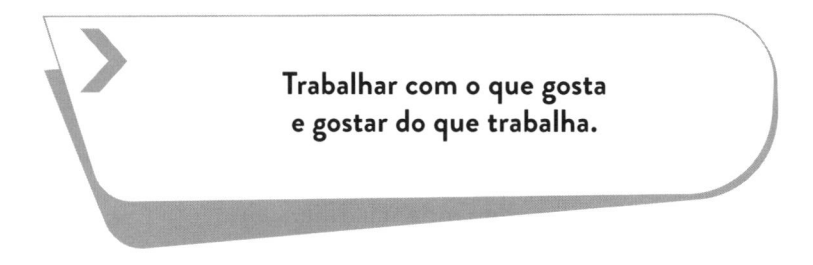

> Trabalhar com o que gosta
> e gostar do que trabalha.

Não ser refém do emprego, de um salário e de um empregador, é ter liberdade de escolha, de espaço, geográfica mesmo. Conseguir fazer do trabalho não só uma fonte de renda, um plano B ou uma renda extra, mas algo rentável o suficiente para suprir as suas necessidades, e ter isso a partir do que lhe dá prazer em fazer. Posso garantir que é incrível.

Ter liberdade financeira é você acordar na segunda-feira feliz porque mais uma semana de desafios está começando, é chegar na sexta querendo entregar mais e sem perceber a velocidade que a semana passa, engajado, envolvido, brilho no olhar, é ter flexibilidade nos seus horários para conseguir crescer, é não viver na pressão e ter uma qualidade de vida que lhe permita viver momentos e experiências que tudo isso pode lhe proporcionar. Você precisa trabalhar, precisa do que ganha com o trabalho, mas tem a liberdade de escolher aquilo que vai fazer, mas, claro, tudo isso tem que gerar receita que lhe dê a tranquilidade para viver de forma confortável e organizada, pensando no hoje e no amanhã, e a liberdade, neste sentido, não chega da noite para o dia, é uma construção.

A independência financeira é quando você tem investimentos suficientes para gerar rendimentos que custeiem todo o seu padrão de vida, todas as despesas fixas e variáveis para se manter. Ou seja, você já não depende do seu trabalho para viver. Você depende apenas dos seus rendimentos que são fruto dos seus investimentos. O que você acumulou ao longo da vida rende o suficiente para você trabalhar unicamente porque quer, por prazer, o que é sensacional. Mas vale ressaltar que a independência efetiva, como trouxe aqui nas últimas linhas, é o último degrau. Antes dela, você pode ter como fruto dos seus investimentos, rendimentos que pouco a pouco teriam condições de pagar parte de suas despesas, e você pode se valer disso numa fase em que tiver mais idade, para desacelerar, trabalhar menos. Reforço, tudo é construção e o planejamento é sempre muito importante para que as coisas avancem.

> **É possível ter liberdade ou independência financeira?**

Totalmente possível, um grande desafio e superinteressante quando esses dois conceitos se encontram. Imagine você trabalhar com o que gosta e saber que nem daquilo precisa porque, se não trabalhasse, já teria uma vida no mesmo padrão. Por outro lado, para alguns, a vida pode ficar sem sentido a partir do momento que você tem tudo de que precisa sem a necessidade de trabalhar, mas, repito, parar é uma opção e poucos que atingem a independência financeira fazem essa escolha, pois boa parte deles tem ali um propósito, estão envolvidos de alguma forma com seu trabalho, com seu negócio. Por isso, só passa a viver uma vida sem graça, sem objetivos, sem rotina e desafios para o dia a dia se quiser, pois uma pessoa com propósito e cabeça ativa dificilmente cairia nisso.

Tem quem se pergunte qual o melhor entre liberdade e independência financeira, acredito que agora, com mais clareza, você tem uma opinião a respeito.

De fato, nem a liberdade nem a independência acontecem repentinamente, é fruto de muito suor, trabalho, organização e dedicação. E não se engane: apesar da relevância de começar a corrida em busca do seu objetivo mais cedo para conseguir atingi-lo, não quer dizer que começar agora inviabilize qualquer coisa, absolutamente não. Mas, não adie, e mesmo que os primeiros passos sejam pequenos, isso faz parte do desafio.

Não se pode abandonar o básico, o trabalho, o dia a dia, que é o que gera renda e, sem dúvidas, um olhar para o mundo dos investimentos ajuda e fortalece, pavimenta o seu caminho. Isso possibilita mais avanços, ou seja, não é só trabalhar e gerar renda, sem investir, cuidar das duas frentes é essencial.

E aí, hoje, em que ponto **VOCÊ** está? Se interessa, se sente preparado para buscar a liberdade ou a independência financeira? O que é necessário mudar, avançar para que ajuste as velas nessa direção? Vale a análise, com equilíbrio, pegar papel, caneta e começar a fazer o seu plano, buscar a virada e as conquistas dos seus objetivos e sonhos, dando o máximo diante daquilo que você tem de possibilidade, isso é o que importa.

O desafio é grande, mas possível. Segundo dados do Banco Mundial, apenas 1% da população economicamente ativa em nosso país alcança a independência financeira, e, se você tem esse sonho, precisa estar com as contas organizadas e de olho no seu planejamento financeiro.

"De fato, nem a liberdade nem a independência acontecem repentinamente, é fruto de muito suor, trabalho, organização e dedicação."

3Ns × 3Ds × 3Ps

Gostaria de trazer uma reflexão rápida e de impacto para você, com o objetivo de oferecer um meio para identificar aquilo que tem mais relevância, sentido para a sua vida no momento, e assim ter mais clareza em relação ao que deve focar.

Amadureci essa ideia depois de trabalhos e conversas sobre planejamento financeiro, desejos e necessidades, percebendo que há situações e demandas que, na verdade, exigem prioridades. Aqui, sem essa que muitos falam por aí, de que prioridade é uma só e que não tem plural, tem, sim, é só botar o **s** no final e indicar as suas.

E daí surgiu o **3Ns × 3Ds × 3Ps** que você pode trabalhar da seguinte forma:

A cada semestre ou, no máximo, de ano em ano, pegue um pedaço de papel, caderno, bloco de notas ou o que preferir e liste conforme abaixo:

3 Necessidades	3 Desejos	3 Prioridades

Invariavelmente, há coisas de que precisamos (necessidades), existem aquelas que queremos (desejos) e as que priorizamos. Perceber a diferença entre elas e poder listar procurando definir um plano ou simplesmente a ordem, conforme citado anteriormente, é esclarecedor.

E observe bem, a mesma coisa pode se repetir em mais de uma coluna ou categoria, e, se isso acontecer, esse item ganha mais relevância, entendido?

E se você vive a dois, ou mesmo numa família maior, filhos, mais gente em casa, é possível fazer a dinâmica em que cada um faz a sua lista e no final vocês podem cruzar o que mais se repetiu e tentar chegar a um consenso, fazendo uma lista da casa.

Não por isso as listas individuais devem ser descartadas, jamais, não é porque se vive a dois ou em família que as necessidades, os desejos e as prioridades individuais devem ser esquecidas. O objetivo de fazer a lista da casa é estimular a conversa, a troca de ideias e procurar indicar aquilo que pode ser de mais impacto para a família.

///////////////
"Invariavelmente, há coisas de que precisamos (necessidades), existem aquelas que queremos (desejos) e as que priorizamos. Perceber a diferença entre elas e poder listar procurando definir um plano ou simplesmente a ordem, conforme citado anteriormente, é esclarecedor."
///////////////

OS 10 MANDAMENTOS DA GESTÃO FINANCEIRA PARA EMPREENDEDORES E PEQUENOS NEGÓCIOS

Gostaria de compartilhar com você, que sendo empreendedor, empresário, vai tirar ainda mais proveito dos 10 mandamentos. Se não for, certamente, acumulará mais conhecimento de forma simples, didática e direta. Trago dicas de gestão financeira para quem deseja melhorar.

Para quem está começando a mergulhar nisso e abrindo uma empresa, essas dicas são essenciais, tanto que viraram tema de palestra que já impactou milhares de pessoas em diferentes estados, assim como já foi tema da minha coluna no rádio, no jornal e até mesmo assunto presente na capa da revista *Gestão & Negócios PME* — edição 110.

Vou listar aqui os dez mandamentos:

1º. **Não misture as contas de pessoa física e jurídica**

Foque isso como um todo e não somente em relação à conta bancária, mas também às despesas e às receitas do negócio e da sua vida pessoal. Isso pode acontecer numa fase de transição, mas corra para adequar e procure preservar um controle que lhe permita entender bem as suas despesas e as do negócio, de forma separada.

2º. **Tenha um bom contador**

Não procure um contador que vai apenas tirar nota ou rodar a sua folha de pagamento. O ideal é que ele tenha domínio dos assuntos de que você precisa e sirva de oráculo para as suas dúvidas, dando-lhe segurança e respaldo para as suas consultas, forneça-lhe alguns números inerentes aos assuntos contábeis, tal como o melhor enquadramento para o seu planejamento tributário, alíquota e outros detalhes. Um bom contador não vai deixar você com pendências e nem surpresas futuras. Dependendo do tamanho do seu negócio, avalie a possibilidade de um "contador online", sempre de olho na sua real necessidade e do que lhe atende melhor, não procure economizar a todo custo, pois o barato pode sair caro.

3º. **Use um sistema financeiro**

Bons anos atrás, isso era artigo de luxo e estava ao alcance das grandes empresas e nada mais, mas a verdade é que passou o tempo em que isso era algo robusto, que comprometia a memória e a velocidade do computador e que de fato custava caro. Este sistema vai lhe permitir ter domínio do que você tem a pagar e a receber. É essencial ter um fluxo de caixa e o sistema, quando bem alimentado, lhe dará isso, e assim você pode fazer análises e ter propriedade, as rédeas da sua empresa nas mãos, o que lhe dá base para tomar decisões com mais segurança e assertividade.

4º. **Não abra uma empresa sem o capital de giro, e se já abriu sem, corra atrás!**

Segundo estatística do Sebrae, aproximadamente 40% das empresas que encerram as atividades nos dois primeiros anos de vida é devido à falta do capital de giro. O ideal, a depender do tipo do seu negócio, é que você tenha de três a seis meses do valor para manter a sua empresa. Entenda bem o fluxo financeiro do seu negócio para definir isso da melhor forma. E se já começou sem o capital de giro, ok, apesar do título deste mandamento, a realidade é que não é nada fácil começar com o capital de giro, por isso corra atrás para ir compondo pouco a pouco.

5º. **Fique de olho no seu fluxo de caixa**

Isso mesmo, não basta ter um sistema financeiro, alimentar e ter um fluxo de caixa, é fundamental estar de olho nele. Isso lhe permitirá entender a realidade, a saúde financeira do seu negócio, as receitas, as despesas e possíveis ajustes que podem ser necessários no fluxo. Ter um fluxo de caixa lhe permite, sobretudo, isto: entender o que estar por vir e se organizar para enfrentar da melhor forma, olho nele!

6º. **Tenha um orçamento das despesas e receitas mensais, antecipe-se**

Isto é, tudo o que você acredita que vai receber e gastar. Lembre-se de fazer o fechamento de cada mês, comparando o previsto e o realizado, pode até parecer com o fluxo de caixa, mas não é. Use o seu orçamento para encontrar as diferenças entre o previsto e o realizado, procurando refinar o do próximo mês, tendo cada vez mais domínio e conhecimento quanto ao seu negócio.

7º. **Cuidado com as despesas fixas, são essas que engessam o seu orçamento**

Olho nelas! As despesas fixas efetivamente engessam o orçamento, trazendo mais peso e menos mobilidade para ajustes e eventuais necessidades que surjam no decorrer do mês. Por isso, reflita bem antes de assumir determinadas despesas fixas.

8º. **Mantenha o cuidado permanente com a saúde financeira do seu negócio**

Crie alguns indicadores com informações importantes, acompanhe de perto, confira se as taxas do cartão de crédito estão sendo cumpridas, despesas financeiras, de tempo em tempo, procure identificar novos fornecedores, entre outras atitudes que tiram você da zona de conforto. Compare o faturamento do mês atual com o mês anterior, do mês atual com o mesmo mês do ano anterior, analise os indicadores mensais, mas, claro, com o foco naquilo que é relevante para o seu negócio. Mais do que nunca, não é a quantidade de indicadores que define a sua gestão, mas a qualidade e as informações que você tira dali para tomar suas decisões.

9º. Não ignore as pequenas despesas

Como diz uma frase de que eu gosto bastante: "Pequenos buracos afundam grandes navios", e muitas empresas faliram de forma lenta, gradativa, e até hoje muitos donos nem sabem o porquê.

10º. Evite financiamentos e empréstimos

Evitar não quer dizer nunca fazer! Vale deixar isso claro, tanto quanto vale dizer que não tome crédito de forma aleatória simplesmente porque os juros estão baixos. Tome essa decisão se for realmente necessário para alavancar o seu negócio num plano de crescimento, de forma bem analisada e coerente. Tomar crédito está longe de ser crime, muito pelo contrário, mas precisa ser feito de forma inteligente. Fique atento às taxas e a outros custos que podem estar no "pacote" e tenha cuidado para que isso não o leve para uma situação desafiadora.

Dedique tempo para a gestão financeira do seu negócio, lembre que botar para rodar não é tudo, esteja aberto ao novo, às opiniões diferentes, pratique o que vê na teoria, nos livros e nas conversas.

Assim é no mundo dos negócios, e mesmo que seja um pequeno negócio, é necessário planejamento, antecipação, entender o métier de A a Z. Mesmo que no começo não seja assim, corra para construir isso, conhecimento, com pés no chão, mas não de forma que não lhe permita ousar e voar, a pista está sempre aberta, para cima!

PERGUNTAS QUE VALEM O SEU TEMPO E A SUA REFLEXÃO

Aqui, vou direto ao assunto com uma lista de perguntas que têm como objetivo provocá-lo no sentido de refletir e se questionar quanto ao seu posicionamento, a sua atitude diante de cada uma delas.

> Sugiro que não passe para a próxima enquanto não responder a atual!

- Despesas ocultas no orçamento: Você tem? Quais são e como você pretende eliminar?
- Você realmente faz uso inteligente do cartão de crédito? O que você pretende melhorar?
- Débito ou crédito?
- À vista ou parcelado?
- Agora que você sabe o que é suficientismo, o que é suficiente para você?
- O que você acha dos bancos digitais? Tem conta em algum? Caso não tenha, pretende abrir?

- O princípio 80/20 se aplica de alguma forma à sua vida?
- Qual o melhor momento para comprar moeda estrangeira?
- A bolsa de valores impacta na sua vida? Como?
- Para você, quais são os maiores desafios da vida financeira a dois?
- Você já tem a sua reserva de emergência? Caso não, qual o plano para compor ela e em quanto tempo pretende fazer isso?
- Tem algo de que você gostaria de mudar na relação com o seu banco? Quando vai fazer isso?
- O que é o Tesouro Direto e como você pode incluir os títulos dele na sua estratégia de investimentos?
- Quais são as vantagens e desvantagens do empréstimo consignado?
- Empréstimo consignado ou pessoal?
- Tendo um dinheiro extra, o que você priorizaria?
- Você cairia num golpe financeiro ou numa pirâmide? Por quê?
- Qual a importância dos seguros no seu dia a dia? Você identificou algum importante e que ainda não tem? Caso sim, quando vai fazer um?
- Em relação a ter carro, você está seguro de sua escolha, do formato que tem em casa hoje? O que o levaria a mudar isso?
- Esta é para quem tem filho(s): Você tem se preocupado com a educação dele de alguma maneira? Como? O que pretende mudar?
- Com quais atividades mais você ocupa o seu tempo hoje? O que gostaria de mudar? Quando começará a fazer as mudanças?
- Esta é para quem tem imóvel financiado: Paga na valsa, uma parcela por mês ou costuma amortizar o saldo devedor? Já estabeleceu um novo plano para quitar o seu imóvel num prazo menor?
- Esta é para os casados: Como vocês dividem as contas e fazem a gestão da vida financeira a dois? Conversam sobre o tema com que frequência? O que é possível mudar para melhorar a vida financeira de vocês?

- Você emprestaria dinheiro ou o seu cartão de crédito amanhã? Caso sim, para quem e por quê?
- Que conselho você daria para o seu melhor amigo ao terminar de ler o meu livro? (*A minha sugestão é que envie o link para ele comprar o quanto antes ou já mande de presente para ele agora mesmo!*)
- Que conselho ou orientação você daria para uma pessoa querida que vive se enrolando e não sabe usar o cartão de crédito?
- Você sabe quanto tempo você teve que trabalhar para comprar o seu último celular? Qual o valor da sua hora de trabalho?
- Se você for demitido hoje, como pretenderia usar o dinheiro da sua rescisão?
- Você está pagando um valor realmente justo pela sua conta de celular e de internet em casa? Será que não vale mesmo revisar e negociar?
- Você tem o hábito de poupar todo mês? Qual percentual da sua receita mensal você poupa? (*Se pague primeiro...*)
- Você acumula milhas ao usar o cartão de crédito? Tem feito a gestão delas? (*Olho vivo, milhas = dinheiro!!!*)
- Que hábitos você pode mudar e como isso impactaria nas suas finanças?

UFAAA!!! Que sequência, hein? Digo-lhe que, se você passou pergunta a pergunta, sem pular, e ainda conseguiu responder à maioria delas, realmente está mais do que aprovado!!!

Caso não tenha conseguido, refaça o teste melhorando em relação ao que fez agora. Vale o **DESAFIO**!

PONTO BÁSICO, "MINUTAMENTE" IGNORADO...

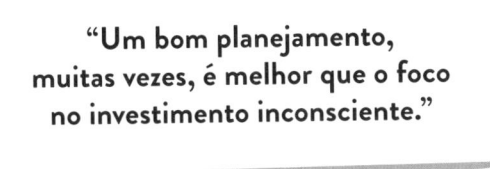

> "Um bom planejamento, muitas vezes, é melhor que o foco no investimento inconsciente."
>
> Leandro Trajano

Nas últimas páginas deste nosso tempo juntos, trago uma frase com a qual costumo encerrar alguns cursos e algumas palestras, que veio à cabeça num momento de filosofia. Algo real, que vejo ser ignorado a cada minuto nas conversas com amigos e que também observo em alguns seguidores, clientes e alunos.

É o desejo insaciável de investir, de viver essa fase e ter a satisfação, orgulho mesmo, de estar envolvido nesse universo que, efetivamente, como a essa altura você está cansado de saber, no Brasil, ainda é para poucos.

Não questiono em relação a esse ponto, o quanto é bom investir, um caminho sem volta, mas a questão é que não se pode negligenciar algo mais amplo: o planejamento financeiro como um todo. Afinal, se você tem a vida financeira mais organizada, vai poupar mais e, poupando mais, terá mais recursos para investir melhor e acelerar rumo aos seus objetivos.

Acho muito válido quando jogo essa reflexão para as pessoas e vejo que muitas delas percebem que, sim, vale dar esse "passo para trás" (se é que podemos chamar assim) em relação ao que gostariam no momento e em paralelo aos investimentos. Rever o planejamento, o orçamento, os hábitos, o processo para tomada de decisão, a arquitetura das escolhas, abrindo-se para ampliar o conhecimento sobre questões práticas do dia a dia financeiro e muito mais do que você, inclusive, viu por aqui, é puro crescimento.

E não é à toa que isso traz um resultado mais sólido. Ajudei uma grande quantidade de pessoas nesse sentido ao longo da minha jornada, pois com um bom planejamento, percebe-se que o investir por investir, só para estar no jogo, não é nada. Mas, com o planejamento mais afiado, você tem um domínio maior das suas finanças, poupa mais e, assim, investe melhor, avançando de forma consistente em relação aos quatro pilares da educação financeira.

55

CONTINUAÇÃO...

Porque a vida financeira não para, e chegar até aqui, não tenha dúvidas, foi mais uma vitória para você. Procure manter este livro na sua cabeceira ou num lugar de fácil acesso para que você possa revisitar alguns temas quando necessário, reler outros que talvez no momento da primeira leitura tenha sido puramente para conhecimento, mas que no futuro podem cair como uma luva, por isso nunca deixe ele longe de você.

Por mim e por você, esse não é o tipo de livro que vale emprestar, mas vale, **SIM**, indicar a leitura, recomende, e isso é bom para mim porque terei mais leitores com o livro perto para consultas hoje e amanhã, e para você, pois eu não sei a sua experiência, mas pela minha, não é só dinheiro que muitos tomam emprestado e não devolvem, cansei de emprestar livros e os falecidos CDs e DVDs e até hoje não os vi de volta, por isso, há relíquias que merecem e precisam estar por perto, pois não sabemos quando vamos precisar!

> E como estava falando anteriormente, encerro o nosso livro com a palavra **CONTINUAÇÃO** porque efetivamente a vida financeira nunca para.

Não tem como evitar a comparação, é como andar de bicicleta, se parar, cai, e se seguir, foi um golpe de sorte. Esteja preparado, pois a queda pode vir a qualquer hora.

Não tem como parar, e é necessário continuar, não se preocupe quando tiver a impressão de que quanto mais você aprende, menos sabe, pois essa percepção é real, o universo financeiro é gigante, e muitas vezes o comparo ao mundo da medicina, que você tem o cardiologista, o neurologista, o pediatra, o ortopedista, tem ortopedista especialista em mão, oftalmo, otorrino, psiquiatra, dermatologista e tantos outros.

O universo financeiro tem muitas áreas e ramificações, ele é envolvente, e quanto mais você aprende, mais percebe como ele é amplo e que vale cada centavo, cada minuto dedicado, e que isso faz diferença na vida da pessoa, na sua vida, por isso a **continuação**.

O livro acaba por aqui, mas o conhecimento é infinito e a busca por ele, parar ou não, só depende de um certo alguém... **VOCÊ!!!**

Seja, portanto, imparável, curioso, incansável, compartilhe o que aprendeu aqui com o seu/sua companheiro(a), com os colegas de trabalho, de turma, seguidores, familiares, porque **nada** disso pode ficar em segredo, conhecimento deve ser compartilhado. Por essa razão, dediquei-me a escrever tudo isso, de forma por vezes homeopáticas, outras meteóricas, mas sempre com o foco e o olhar em você, leitor, que me prestigiou e veio comigo até estas que são as minhas últimas palavras.

Forte abraço,

Leandro Trajano de Oliveira

ÍNDICE

Símbolos

@personalfinanceiro 17, 63, 201

A

American Express 77
amortização 62-63, 66-67, 70-71
aplicativo 23-24, 71, 84, 86, 120, 135
　aplicativo Menor Preço 205
atitudes 17, 88, 99, 101, 122, 128, 154, 200, 207, 218
ativo 164

B

Banco Central 11, 20, 26, 125, 223
banco digital 11, 21, 23-24, 27, 242
BankAmericard 77
bem-estar 122, 150, 152, 187
boleto 26, 71
burocracia 25

C

câmbio flutuante 223
capital de giro 239
carência 91
carros por assinatura 211
cartão de crédito 3-4, 11-12, 21, 33-34, 77, 81-82, 98, 106, 120, 134, 143, 219, 221, 226, 240, 242, 244-246
　anuidade 11-12, 21, 85, 125
　extrato 134
　milhas 79, 82-83, 125, 244
　pagamento da fatura 83
　parcial da fatura 84, 134
　seguro 86
carteira de investimentos 8
CDB 29
CDI 29
CET 14, 62-63, 68, 91
cheque 11, 20-21, 24, 77, 83, 92, 94
　cheque pré-datado 78
cheque especial 92
ciclo negativo 4
círculo vicioso 151

citação
  Fly Vagner 228
  Frank MacNamara 77
  James W. Frick 4
  John Naish 192
  Kell Smith 120
  Pepe Mujica 143
  Richard Koch 197
  Warren Buffett 177, 201
CMN 62
comportamento 10, 87, 111, 119, 123, 155, 202, 206, 216
compras parceladas 79, 134
compras por impulso 128, 135
concorrência 26
conhecimento 3-4, 19, 21, 23, 25, 37, 43, 45, 47, 52, 161, 183
consórcios 165
consumo inconsciente 33
consumo, tempo e dinheiro 143
contador 238
contrato 14
Cooperativas 16
corretora 161-162, 177, 182, 187
corrida dos ratos 33
Covid-19 177
crime contra a economia popular 38
curto prazo 159, 173, 176

D

desafio 146
desejos 235-237
desejos x necessidades 34, 113
desequilíbrio financeiro 85, 155
desperdício 113
despesas 240-242
  despesas fixas 99, 186, 201, 219, 221, 232, 240
  despesas ocultas 10-11, 21, 242
  despesas sazonais 40
destruidores de sonhos 32
desvalorização 209, 224
dez mandamentos 238
Diners Club 77
dólar 79, 83, 173, 223, 224

E

educação financeira 37, 109, 115, 200, 246-248
efeito bola de neve 33, 82, 95
efeito manada 169, 176
empréstimo consignado 243-245
empréstimos 90, 95-96, 241-243
  bem como garantia 17, 92
  empréstimo consignado 16-17, 92, 94, 96
  empréstimo pessoal 96
FGTS 17
escolhas 119, 207, 218
estabilidade 29
euro 224
extrato bancário 3, 11

F

falta de planejamento 32
faturamento 240
FGTS 28, 71, 220
financiamento imobiliário 15, 61, 63-64
flexibilidade 40
fluxo de caixa 239-240
fluxo financeiro 239
Fly Vagner 228
Frank MacNamara 77
franquia 44
fundo de reserva 28-30, 136
fundos de investimentos 182

G

Gastar Bem (2º pilar) 7
gatilhos 37, 87, 143, 206
Gerar Renda (1º pilar) 7
gestão financeira 238
Guia Bolso 21, 125

H

hábito de poupar 114
hora de trabalho 244

I

imediatismo 33
Imposto de Renda 50
imprevistos 40
impulso 33-34, 85, 92, 119-122, 126, 128, 135, 143, 152, 181
indenização 43
independência financeira 231-233
infidelidade financeira 106-107
inflação 7-8, 51
Instagram 17, 63, 84, 99, 150, 151
internet banking 20
investimento 159, 164, 202, 246-248
Investir Melhor (4º Pilar) 8
IPTU 40, 164
IPVA 40, 209

J

James W. Frick 4
John Naish 192
juros 14, 16, 62-63, 65, 67-68, 70-71, 82-83, 91-96, 100, 110, 129, 135, 173, 181, 186, 227-228, 241

K

Kell Smith 120

L

liberdade financeira 202, 231
liquidez 29, 169, 177
longo prazo 4, 8, 15, 25-26, 41, 50-51, 61, 67, 138-139, 161, 165, 173, 181-183, 187, 221

M

margem consignável 94
marketing multinível 37
MasterCard 77
materialismo 193
médio prazo 161, 182
Melhortaxa 62
mesada 109, 114
metas 3, 16, 32-34, 54-55, 99, 146, 147, 192
mudanças 16

N

necessidades 33-34, 41, 46, 49, 113, 135, 142-144, 147, 161, 235-237
Netflix 10-11

O

objetivos 55, 146-147, 181, 193
oportunidades 28, 36-37, 41
orçamento 96, 99, 114, 124, 134, 136, 240, 246-248

P

pacote de serviços 11
  essenciais 19-21
padrão de vida 41, 200
pandemia 176-177
parcela 67
parcelamento 134
parcelamento excessivo 129
passivo 164
Pepe Mujica 143
pequenas despesas 241
perfil 136
perfil arrojado 160
perfil conservador 51-52, 160
perfil de apostador 169
perfil de investidor 160-161, 169, 176-177, 187
perfil moderado 160
perfil poupador 29, 160, 168
Pesquise antes de compra 135
pessoa física x pessoa jurídica 238
Peter Drucker 219
PGBL 50, 52
pilares 6-7, 9
pirâmides 36-38, 165, 169, 243
PIX 11, 20-22, 24-25, 124
planejador financeiro 37
planejamento 33, 35, 40, 56, 107, 114, 126, 133, 178, 246-248
plano de celular 123
portabilidade 26, 52, 63, 123
poupadores 8
poupança 30, 37, 168, 177, 179-182, 185-186, 186, 188
poupar 124, 126, 133, 146, 186, 246-248
Poupar Mais (3º pilar) 7
prazo 71
preciso porque mereço 34
prêmio 43

previdência privada 49, 165
princípio de Pareto 196, 243
prioridades 3-4, 29, 34, 142-143, 147, 235-237
promissória 79
psicologia do dinheiro 120

Q

quatro pilares da educação financeira 221, 246-248

R

receitas 240-242
Reclame Aqui 37
redes sociais 150, 165
reestruturação financeira 14
refinanciar 17
renda extra 83, 99-100, 130
renda fixa 29, 51, 160, 173, 176-177, 224
renda variável 51, 160-161, 176, 185
renegociação 15, 91
rentabilidade 160, 161, 177, 181, 185
reserva de emergência 31, 66-67, 91, 96, 126, 136, 160, 177, 181, 185, 211, 243
reserva financeira 70
Richard Koch 197

S

saldo devedor 67
saúde financeira 115, 240
segurado 43
seguros 43, 63, 68, 243
  DFI 12, 44, 62, 70
  DPVAT 44
  MIP 44, 62, 70

seguro-desemprego 28, 220
seguro de vida 45-46
seguro-viagem 12
simulador de sonhos 55
sistema financeiro 239
sonhos 32, 55-56, 107, 193
status 130
suficientismo 191, 242
supérfluos 82, 90, 99, 135, 143, 183, 186
SUSEP 45

T

tarifa 11, 19-21, 24-26, 123, 125
taxas 26, 67
   taxa de administração 51, 63, 68, 165, 180
   taxa de carregamento 51-52
   taxa de juros 63, 67-68, 91, 94-95, 110
   taxa Selic 176, 224
   taxa zero 180
TED 20, 24-25, 125
tempo 3-4, 7, 10, 15-16, 28, 40, 42, 49, 52, 55-56

terceirizar a responsabilidade 130
Tesouro Direto 181, 243
Tesouro IPCA 181
Tesouro Nacional 180
Tesouro Prefixado 182
Tesouro Selic 181
títulos de capitalização 165
transparência 106
tributação regressiva 50

V

VGBL 50, 52
vida frugal 200-201
volatilidade 161

W

Warren Buffett 177, 201

Z

zona de conforto 26, 240-242

Projetos corporativos e edições personalizadas
dentro da sua estratégia de negócio. Já pensou nisso?

Coordenação de Eventos
Viviane Paiva
viviane@altabooks.com.br

Contato Comercial
vendas.corporativas@altabooks.com.br

A Alta Books tem criado experiências incríveis no meio corporativo. Com a crescente implementação da educação corporativa nas empresas, o livro entra como uma importante fonte de conhecimento. Com atendimento personalizado, conseguimos identificar as principais necessidades, e criar uma seleção de livros que podem ser utilizados de diversas maneiras, como por exemplo, para fortalecer relacionamento com suas equipes/ seus clientes. Você já utilizou o livro para alguma ação estratégica na sua empresa?

Entre em contato com nosso time para entender melhor as possibilidades de personalização e incentivo ao desenvolvimento pessoal e profissional.

PUBLIQUE SEU LIVRO

Publique seu livro com a Alta Books. Para mais informações envie um e-mail para: autoria@altabooks.com.br

/altabooks   /alta-books   /altabooks   /altabooks

CONHEÇA OUTROS LIVROS DA ALTA BOOKS

Todas as imagens são meramente ilustrativas.

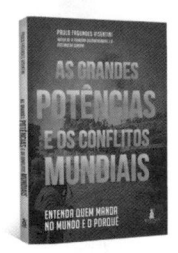

ALTA BOOKS EDITORA   ALTA LIFE EDITORA   ALTA NOVEL   ALTA CULT EDITORA

MARIA+SILVA EDITORA   Editora ALAÚDE   TORDESILHAS   ALTA GEEK

Este livro foi impresso nas oficinas gráficas da Editora Vozes Ltda.,
Rua Frei Luís, 100 – Petrópolis, RJ.